Erzählend predigen an Sonn- und Festtagen

Anregungen und Beispiele

Herausgegeben von Heinz-Dieter Knigge

Gütersloher Verlagshaus Gerd Mohn

CIP-Kurztitelaufnahme der Deutschen Bibliothek

Erzählend predigen an Sonn- und Festtagen: Anregungen u.
Beispiele / hrsg. von Heinz-Dieter Knigge. – Gütersloh:
Gütersloher Verl.-Haus Mohn, 1988
ISBN 3-579-02746-8
NE: Knigge, Heinz-Dieter [Hrsg.]

ISBN 3-579-02746-8
© Gütersloher Verlagshaus Gerd Mohn, Gütersloh 1988

Satz: Knipp Textverarbeitungen, Wetter 2 (Ruhr)
Druck und Bindung: Ebner Ulm
Umschlagentwurf: Dieter Rehder, Aachen
Printed in Germany

Inhalt

Vorwort

Narrative Predigt: Ansätze zu einer Zwischenbilanz

1. Vor dreizehn Jahren erschien im Gütersloher Verlagshaus ein erster Band mit Erzählpredigten. Damals war es wie eine Entdeckung, von vielen fast gleichzeitig gemacht, daß der Prediger auf der Kanzel auch erzählen kann, statt immer nur lehrend und erklärend zu reden. Es war wohl auch eine Befreiung vom »theologischen Eltern-Ich«, das einem beim Predigtmachen und beim Predigthalten ständig exegetisch und dogmatisch dazwischenredete. Es war aber vor allem die Suche nach einer elementaren Form der Verkündigung, die den Hörer möglicherweise unmittelbarer erreichen könnte als die gelernte Predigtweise: Ausbruch aus der theologischen »Zensurgemeinschaft« und Aufbruch und Suche nach einer neuen »Erzählgemeinschaft« – Jürg Kleemann hat diese Aspekte narrativer Predigt in seiner ausführlichen Besprechung zuvor erschienener Bände (»Geschichten machen am Sonntagmorgen«) m. E. treffend beschrieben (Theologia Practica 3, 1984, S. 250-259).

2. In der Rückschau zeigt sich, daß das, was da vor fünfzehn Jahren in der Luft lag, nicht nur von predigenden Theologen wahrgenommen wurde. Horst Nitschke hat mir während der Vorbereitungsarbeiten für diesen neuen Band mit Erzählpredigten einen Artikel von Ulrich Greiner aus der »Zeit« (Nr. 14 vom 27.3.1987) zugesandt, der mit folgenden Feststellungen beginnt: »Es ist mehr als zehn Jahre her, daß Literatur-Kritiker die Parole ausgaben: ›Jetzt erzählen sie wieder!‹ Gemeint waren die deutschen Schriftsteller, die sich nach Jahren des Politisierens und des Theoretisierens wieder auf die Anfangsgründe der Literatur besannen. Der Geist des ›Es war einmal ...‹ kam über sie, und sie erzählten von der Liebe und dem Tod und von den Abenteuern des Alltags.« Dazu gehört sicher auch der Glaube, dessen »Anfangsgründe« in der Bibel ja ebenfalls erzählend weitergegeben werden. Praktizierte Zeitgenossenschaft von Literaten, Journalisten und Predigern also, die gemeinsam das Erzählen wiederentdeckten.

Ulrich Greiner allerdings beurteilt diese Strömung kritisch. Mit dem Rat: »Erzähl nix« überschreibt er seinen Artikel, und spöttisch formuliert er: »Die graue Theorie weicht des Lebens grünem Baum, und selbst akademische Autoren, sofern sie auf Publikumswirksamkeit bedacht sind, üben sich in schonungsloser Anschaulichkeit. Das gerade Angedachte und nicht bis ans Ende Durchdachte taugt allemal für ein anekdotenseliges Erzählstück mit intellektuellem Anspruch. Die begrifflose Anschauung der neuen Erzählkultur entspringt der

Zerstreuung und führt zur Zerstreutheit.« U. Greiner spricht von einer »weichen Behandlung weicher Themen«. »Von der außerparlamentarischen Opposition über die innere Emigration bis zum Vorruhestand« – so charakterisiert er den Wechsel der Themen im jährlich erscheinenden »Kursbuch«, ihre erzählende Behandlung – und ihre Leser. Er schließt mit einer Bemerkung, die wohl auch die Gefahr des predigenden Erzählens, aber auch seine Chance benennt: »Der Mensch, sagt der Erzähler Ludwig Harig, sei nur als Erzählender und als Erzählter Mensch. Aber, so muß man hinzufügen, das Erzählen ist nicht die billigere Form der Darstellung. Im Gegenteil: Der gute Erzähler muß mehr können als der Theoretiker, nicht weniger; er muß, was der Theoretiker weiß, gewußt und dann vergessen haben, um erzählen zu können.«

Ein hoher Anspruch! Die in diesem Band gesammelten Predigten werden ihm möglicherweise nicht immer gerecht. Aber es sind Versuche, die sich diesem Anspruch stellen und die den Leser, sofern er selber erzählend predigt, anregen, ihm zu genügen. Es wäre schlimm, wenn erzählende Predigt zur »weichen Behandlung« harter Themen würde! Das »theologische Eltern-Ich« läßt sich eben doch nicht einfach verdrängen, es muß bearbeitet werden. Wissendes Vergessen: das gefällt mir! In einem Erzählen, das darin gründet, kommen wohl auch Exegese und Dogmatik zu ihrem unbestreitbaren homiletischen Recht.

3. Schriftsteller und Dichter brauchen eine »Lesergemeinde«. Prediger haben ihre Hörergemeinde Sonntag für Sonntag unter der Kanzel vor Augen. Und manchmal äußern einzelne sich an der Kirchentür oder später. Ich habe oft spontane Zustimmung erhalten, wenn ich eine Erzählpredigt hielt. Aber es gab auch kritische Stimmen, die sagten: »Das war keine Predigt!« – »Wir wissen gar nicht, was Sie selber glauben!« – »Was sollen wir mit nach Hause nehmen?«

Diese Kritik hat mir zu denken gegeben. Was muten erzählende Prediger der Gemeinde zu – einer Gemeinde, die immer das Direkte gewohnt war, das So und das So-nicht? Ich halte den Anspruch an die Predigt, direkt zu sein, Ja zu sagen und Nein, für berechtigt. Aber offenbar kann das erzählende Medium diese Direktheit verschleiern oder verbergen. Nicht immer verschafft Distanz Nähe! Erzählende Predigten stehen wohl oft in der Gefahr, als »weiche Reden« verstanden zu werden und unverbindlich zu erscheinen. Schließlich haben wir selber die Gemeinde in die »Zensurgemeinschaft« mit einbezogen, in der wir standen. Wie soll aus einer »Zensurgemeinschaft«, in der es immer um richtig oder falsch ging, von heute auf morgen oder auch in fünfzehn Jahren – eine Erzählgemeinschaft werden? Der Anspruch ist hoch, den erzählende Predigt nicht nur an den Prediger selber, sondern auch an die Gemeinde, an ihre Selbständigkeit und Mündigkeit stellt.

Diese Erfahrungen und Überlegungen dämpften meine anfängliche Begeisterung für das erzählende Predigen. Ich habe in den letzten Jahren nur noch selten narrative Predigten gehalten. Ich konnte gut verstehen, daß mir einer der damaligen Protagonisten des erzählenden Predigens auf das Einladungsschreiben zu diesem Band antwortete: »Ich komme mit meinem gegenwärtigen Predigtstil vermutlich nicht mehr dafür in Frage.« Erzählende Predigt – eine homiletische Modeerscheinung? Das Echo auf die Einladung zu diesem Band spricht gegen diesen Verdacht. Über 160 Einsendungen kamen, mehr als je zuvor. Narrative Predigt scheint bei uns immer noch einen festen Platz zu haben. Was damals vor dreizehn, vor fünfzehn Jahren begann, ist offenbar noch zu keinem Ende gekommen.

Dadurch ist die traditionelle Hörergemeinde natürlich noch längst nicht zu einer Erzählgemeinschaft geworden! Nicht nur die Gewöhnung an direktere Predigtweisen steht einer solchen Wandlung im Wege, sondern auch das strenge Reglement unserer gottesdienstlichen Ordnungen und unserer Kirchenräume. Es gestattet in der Regel höchstens dem Prediger das Erzählen, nicht aber der Gemeinde. Man wird die vielzitierte »Erzählgemeinschaft« also wahrscheinlich bis auf weiteres anderswo suchen müssen als in der Kirche; vielleicht am Mittagstisch in der Familie oder im Bekanntenkreis. Daß die Erzählimpulse narrativer Predigt Hörer zu eigenem Erzählen, zur erzählenden Vergegenwärtigung und Orientierung führen, zeigt sich aber immer wieder.

4. Am Anfang und Ende dieses Bandes stehen zwei Beispiele dafür. Axel Denecke hat auf einer Homiletikertagung in einer Predigt sehr eindrücklich die unendlich-endliche Geschichte beschrieben, die die biblische Überlieferung von Jakobs Traum (Gen. 28,12-26) bei ihm selber und bei Hörern einer Rundfunkandacht ausgelöst hat. Er entwirft das Bild einer Zeiten und Räume übergreifenden Erzählgemeinschaft, in der die biblische Geschichte sich entwickelt und zu immer neuen Geschichten führt. – Mir fällt auf, daß diese Gemeinschaft der Erzählenden eine Gemeinschaft vieler einzelner ist, die einander gar nicht kennen: Die sechzigjährige Frau aus Ostpreußen, die auf vierundzwanzig Seiten in Sütterlin-Schrift ihre Traumgeschichten von Gott aufschreibt, weiß nichts vom alten Arzt aus Hermannsburg und von der Geschichte, die er erzählt, nichts von der dreißigjährigen Lehrerin und nichts von den vielen anderen Briefschreibern, von denen Denecke (S. 15f.) berichtet. – Vielleicht erweckt das Wort »Erzählgemeinschaft« in uns zu einseitige und zu enge Erwartungen. Unwillkürlich denke ich an die Erfahrung, die ich manchmal in Kreisen gemacht habe: Einer erzählt eine Geschichte, und das steckt an, ruft bei den anderen viele neue Geschichten hervor. Denecke weist darauf hin, daß das nicht die einzige Form ist, in der Erzählgemeinschaft sich unter uns verwirklicht.

Anders als Deneckes Beitrag und doch auch wieder ähnlich wirkt Ernst Öffners Gemeindepredigt am Ende dieses Bandes auf mich: »Mein Jesus.« Öffner redet ungeschützt und persönlich. Er wagt es, dem Hörer unter der Kanzel seine eigene Frömmigkeitsgeschichte mit ihren biographischen Zufälligkeiten, mit ihren Wandlungen und Veränderungen zu präsentieren. Offenbar hat das befreiend gewirkt. Der Prediger zeigt durch sein persönliches Erzählen, daß Glaube auch eine Geschichte hat und haben darf und daß er nicht an der Elle einer starren Orthodoxie zu messen ist. Der Ausbruch aus der »Zensurgemeinschaft« gelingt. Viele Predigthörer fragten sich: Wie war das eigentlich bei mir? Ernst Öffner berichtet, daß ihm viele von ihren eigenen Glaubenserfahrungen, von ihrer persönlichen Glaubensgeschichte, erzählten; mündlich oder schriftlich. Eine Erzählgemeinschaft entsteht, von der allerdings auch nur der Prediger weiß. Immerhin kommt sonst privat Verborgenes erzählend zur Sprache. Die seelsorgerliche Bedeutung dieses Vorgangs ist sicher nicht zu unterschätzen – und auch das nicht, daß Sprachlosigkeit des Glaubens jedenfalls für einen Augenblick überwunden ist.

5. Ich denke, der Leser kann noch viele Entdeckungen an den Predigten machen, die in den beschriebenen Rahmen hineingestellt sind. Ich möchte diese Entdeckungen nicht kommentierend vorwegnehmen.

Die Unterteilung in Sonntags- und Festtagspredigten wird vermutlich einem praktischen Bedürfnis entsprechen: Wohl niemand liest einen Predigtband wie einen Roman!

Gelegentlich stehen mehrere Predigten zu derselben Perikope nebeneinander. Die vielfältigen Möglichkeiten narrativer Predigt werden auf diese Weise wahrscheinlich besonders deutlich, z. B. durch die völlig unterschiedliche erzählende Vergegenwärtigung der Geschichte von Isaaks Opferung (Gen. 22,1-14) bei Reinhard Guischard und durch Walter Krug (s. u. S. 18-23).

Ich freue mich, daß zwei Predigten, die ich – neben anderen Predigten in diesem Band – für besonders gelungene Beispiele narrativer Verkündigung halte, abgedruckt werden konnten, obwohl sie schon einmal veröffentlicht waren: Ernst Arfkens »Sabine« (s. u. S. 53ff.) aus »werkstatt predigt« (Nr. 28, 1978, S. 3-7) und die Predigt von Frieder Gölz: »Warum sollte mir denn grauen?« (s. u. S. 142ff.) aus der »Zeitschrift für Gottesdienst und Predigt« (1985, Heft 6, S.7-10). – Diese Predigt habe ich a.a.o. (S. 11f.) besprochen. Die Predigt von Ernst Arfken möchte ich gerne einmal in einem Gemeindekreis bei einer Weihnachtsfeier vorlesen. Andere Beiträge sind auch zum Vorlesen geeignet!

Schön wäre es, wenn dieser neue Band narrativer Predigten dazu beitragen könnte, daß die sichtbare und unsichtbare Erzählgemeinschaft unter uns wächst, daß Glaube Sprache findet und Prediger und Hörer sich gegenseitig darin ermutigen, daß Gottes Geschichte mit den Menschen und mit unserer Welt weitergeht.

Horst Nitschke hat das Entstehen des Buches mit Rat und Tat gefördert. Ich danke ihm dafür – und für eine mich seit langem bereichernde Zusammenarbeit.

Göttingen, Januar 1988   *Heinz-Dieter Knigge*

Sonntage

Die unendliche Geschichte Gottes

Axel Denecke   **1. Mose 28,12-26**

Die Ansprache wurde auf der Tagung der »Arbeitsgemeinschaft für Homiletik« im Oktober 1986 in Goslar gehalten, die unter dem Thema stand: »Erzählter Glaube«. Die morgendlichen Andachten vor den kollegialen Tagungsteilnehmern sollten das Thema der Tagung aufgreifen und am »konkreten Modell« verifizieren.

Einladen möchte ich Sie, sich mit mir heute morgen einzureihen in eine Erzählgemeinschaft, die einst – vor langer Zeit – entstanden ist und die lange noch nicht zum Abschluß gekommen ist.

Ich möchte Ihnen eine Geschichte erzählen, die immer neue Geschichten aus sich heraus erzeugt, so, als werde die eine aus der anderen ent-wickelt, entborgen. Sieben Ebenen, mindestens sieben, der einen unendlichen Geschichte Gottes habe ich gezählt. Sieben Ebenen oder sieben Schalen, wobei die eine Schale immer in der anderen verborgen ist.

I

Es beginnt mit einer biblischen Geschichte, wie so oft. Es war einmal der Jakob. Der hatte einen Traum, und er träumte, eine Leiter sei auf die Erde gestellt, die mit der Spitze an den Himmel rührte, und die Engel Gottes stiegen daran auf und nieder. Und siehe, der Herr stand vor ihm und sprach: »Ich bin der Herr, der Gott deines Vaters Abraham und der Gott Isaaks. Das Land, auf dem du ruhst, will ich dir und deinen Nachkommen geben. Und deine Nachkommen sollen zahlreich werden, wie der Staub der Erde ... Siehe, ich bin mit dir und will dich behüten allenthalben, wo du hinziehst, und dich in dieses Land zurückbringen. Denn ich will dich nicht verlassen, bis daß ich getan, was ich dir verheißen habe.« Als Jakob von seinem Schlafe erwachte, sprach er: »Fürwahr, der Herr ist an dieser Stätte und ich wußte es nicht.«

II

Diese Geschichte vom Traum des Jakob arbeitet in mir schon seit langer Zeit. Die Engel steigen auf und nieder, Himmel und Erde berühren sich. Gott und Mensch berühren sich, nehmen real Verbindung auf miteinander. Ja, das ist schon ein Traum – nicht nur im Schlaf, gerade auch im wachen Zustand. Ich habe den Ort Gottes in meinem Leben gefunden.

Ich denke weiter: Es gibt viele Träume in der Bibel. Gott hat sich dem Menschen oft in Träumen und Geschichten gezeigt. So spricht er mit ihnen. Es ist seine Art, sich den Menschen vorzustellen.

Habe *ich* denn schon einmal von Gott geträumt? Habe ich ihn schon einmal so konkret erfahren? So deutlich im Traum? Und ist das überhaupt erlaubt?

Seit wir Jesus Christus kennen, nicht nur im Traum, sondern als Bild des Lebens Gottes in Wirklichkeit? Träume ich deshalb nicht mehr von Gott, weil er sich seit Christus nicht mehr in Träumen zeigt? Weil er sich seitdem im »Wort« zeigt? Viele Fragen! Fast wie ein Strudel. Hilf, Herr, ich ertrinke darin. Was Deine Geschichte doch alles in mir auslöst, wenn ich sie weiterdenke, weiterzuerzählen versuche.

III

Ich habe all meine Fragen zu ordnen versucht und ihnen eine Form gegeben, die Sprach-Form einer Kurz-Ansprache im Rundfunk, am Anfang dieses Jahres.

Liebe Hörerinnen und Hörer, »Sag, hast Du schon einmal von Gott geträumt?« fragte mich im Kindergottesdienst ein 8jähriges Mädchen. »Von Gott geträumt? Wie kommst du denn darauf?« frage ich verdutzt. »Na, du sagst, du denkst oft an Gott. Woran ich oft denke, davon träume ich nachts. Wen ich besonders lieb habe, von dem träume ich auch. Und du hast doch Gott lieb. Sag, hast du schon mal von Gott geträumt?«

Also, ich war wirklich verdutzt. Auf diesen Gedanken bin ich noch nie gekommen. »Nein, das habe ich noch nicht«, mußte ich antworten. Jedenfalls kann ich mich nicht daran erinnern. Ich gebe deshalb die Frage auch gern weiter: Liebe Hörerinnen und Hörer, haben Sie schon einmal von Gott geträumt? Oder besser: Hat Gott Sie von sich träumen lassen?

Mir geht diese so harmlos klingende Kinderfrage seitdem immer wieder nach. Ich stelle mir vor: Das wäre eine sehr wichtige, ja eine ganz wesentliche Erfahrung für meinen Glauben. Ich würde hellhörig sein dafür, was Gott mir im Traum zu sagen hätte. Richtig neugierig wäre ich, wenn einer mir die Sprache des Traumes zu deuten verstünde. Ob das erlaubt ist? Ob man das auch von Gott erbitten darf? Ob das nicht zu massiv und zu aufdringlich wäre?

Ich möchte diese Fragen nicht einfach beiseite wischen. Doch wenn ich in der Bibel nachblättere, so stelle ich fest: Gott hat sich den Menschen sehr häufig, ja fast immer in Träumen gezeigt. In Träumen hat er mit ihnen gesprochen. Denken Sie mal an Jakob, an Mose, an viele Propheten, an Maria, an Petrus, und vielleicht fallen Ihnen ja noch weitere Geschichten ein. Die Menschen waren offen dafür, öffneten sich für Gott. Meist wußten sie hinterher genau: Ja, so ist es. Das ist Gottes Wille. Das will er von mir.

Und vor allem, sie haben sich nicht gescheut, anderen davon zu berichten, ganz offen und direkt. Sie haben es nicht als privates Geheimnis tief im Herzen bewahrt. Sie meinten, andere – also wir – müßten davon wissen. Wenn ich das in der Bibel lese, so finde ich das gar nicht aufdringlich. Dann denke ich nicht, das ist alles nur eine Art Selbstbespiegelung unserer Glaubensmütter und -väter. Nein, ich nehme es dankbar auf, weil ich höre und spüre: Gott hat sich den Menschen gezeigt, er hat die Nähe zu uns gesucht, ganz deutlich und direkt – damals. Ja, das wären Zeiten.

»Sag, hast du schon mal von Gott geträumt?« Was solch eine harmlose Frage alles in Bewegung bringen kann. Sicher! Gott hat sich am Ende und vor allem in seinem Sohn, Jesus Christus, gezeigt. Nicht mehr im Traum, sondern in der Wirklichkeit. Das ist entscheidend. Da kann jeder ganz deutlich Gottes wahres Gesicht sehen, sein menschenfreundliches Antlitz. Sicher. Und doch: Ob uns Gott nicht auch heute noch ganz persönlich und direkt begegnen will? In unseren Träumen, wenn wir uns öffnen, wenn wir wirklich ganz mit Gott rechnen – wie die Menschen damals im Alten Testament. Ich glaube es. Und ob wir es uns nicht auch gegenseitig mitteilen sollten, ganz unbefangen, ohne Angst zu haben, uns damit anderen aufzudrängen? Ich denke schon. Viele warten darauf. Und ob sich dann vielleicht in unserer Welt und auch in uns selbst wieder manches verwandelt? Manches, was wir uns gar nicht vorstellen können? Ich hoffe es. Denn Gott will sich uns auch heute zeigen,

ganz direkt, jedem einzelnen persönlich. Das glaube ich. »Hast du schon mal von Gott geträumt?!
Heute, und nicht nur heute, auch morgen?

IV

Und nun geschah das Verwunderliche. Die Erzählung vom Traum lief weiter.
Es war so, als habe ich einen Stein ins Wasser geworfen und nun schlug
er Wellen. Eine nach der anderen, immer neue. Ich hörte Erzählungen und
Träume von anderen Menschen, die mich anriefen oder mir schrieben. Ja,
eine Gemeinschaft derer, die von Gott träumen und von ihm erzählen, entstand. Ausgelöst durch Jakobs Traum.
– Da war die jetzt 60jährige Frau aus Ostpreußen, einem kleinen Ort an der
kurischen Nehrung. Sie lebt jetzt in Köln. Sie schrieb mir in kleiner, korrekter
deutscher Schrift einen 24 Seiten langen Brief, einen kleinen Roman, in dem
sie mir ihre Traum-Geschichte von Gott erzählte. Vier Wochen brauchte
sie, um ihre Geschichte in immer neuen Ansätzen aufzuschreiben. Die Geschichte vom Einmarsch der Russen 1945, von Angst und Bedrohung, von
Flucht und Verstecken und von Gott, der ihr im Traum begegnete, »ganz
deutlich bis heute«, wie sie schrieb, und ihr den Weg der Errettung zeigte.
Und sie beschrieb mir's dann in allen Einzelheiten, glaubwürdig, ohne Pa-
thos, wie ein exaktes Protokoll aus längst vergangenen Tagen. »Seitdem
habe ich niemals wieder von Gott geträumt ... Aber damals zeigte er mir
den Weg.« Und: »Ich hab mein Lebtag bisher noch nicht davon erzählt, erst
jetzt tue ich es!«
Ich habe diesen Brief wie einen kostbaren Schatz aufgehoben. Ich denke
mir: Eine 42 Jahre lang verborgene Gottesgeschichte.
– Da ist der alte Arzt aus Hermannsburg, der zehn Exemplare meiner Andacht
zugesandt bekommen wollte, damit er sie an seine Hausgemeinde für die
tägliche Andacht verteilen könne. »Unsere ›Diensten‹ – Hausgehilfin und
Praxishelferinnen – sind mit uns Hauseltern immer eines Sinnes, wenn wir
seit Jahren regelmäßig die Morgenandacht hören, einen Choral aussuchen
und auch mitsingen«, schreibt der 74 Jahre alte Mann.
Die Geschichte Gottes aus einer Welt, die so fernab zu sein scheint von
der uns vertrauten Alltags-Welt und die doch – vielleicht – realer ist als so
vieles andere um uns herum.
– Da ist die noch recht junge Frau, die ganz in der Nähe von mir wohnt. Sie
ruft an und fragt, ob sie gleich mal vorbeikommen könne. Am Telephon läßt
sich so schwer davon sprechen. Sie müsse mir unbedingt von ihrem Traum
von Gott erzählen. »Ja, ich habe von Gott geträumt, und ich möchte es Ihnen
erzählen, persönlich, ich hab' sonst keinen. Mein Mann denkt, wenn ich es
ihm sagen würde, ich spinne.«
– Da ist die 30jährige Lehrerin, die mit einem Traum des Petrus, von dem
in der Bibel berichtet wird, nicht klarkommt. Sie fragte nach einer Deutung.

– Da war noch viel mehr. Ich kann es gar nicht mehr nennen. Ungefähr 50 Briefe, Erzählungen, Traum-Geschichten, Anfragen, Literaturhinweise, Bücherzusendungen.

Eine große Erzählgemeinschaft war entstanden. Ich hatte den Anstoß gegeben, nein, nicht ich, der Traum des Jakob hatte den Anstoß gegeben. Und was hat er ausgelöst: ein Übermaß, Überschuß an neuen Erzählungen. So reich ist das Buch der Erzählungen von Gott.

V

Und nun stehe ich hier und erzähle Ihnen das alles weiter. Warum? Es kann mehrere Gründe haben, wie immer, wenn wir erzählen. Es ist eine alte Erfahrung: *Wie* unsere Erzählungen weiterwirken, *was* sie auslösen, das liegt nicht mehr in unserer Hand. Denn ich glaube, all unsre Erzählungen von Gott sind unfertig und offen nach vorn, sie sind doppelbödig, mehrschichtig.

Warum habe ich das alles erzählt?

– Ich kann es Ihnen erzählt haben, um von einem der kleinen Erfolge meiner Predigtarbeit zu berichten, von einer der »kleinen Tröstungen Gottes« in der Berufsarbeit.

– Ich kann das alles erzählt haben, um ein Exempel für das Weiterlaufen von Erzählungen zu geben, via Andacht ein Beitrag zum Thema unserer Tagung, den man freundlich oder skeptisch, in beidem jedoch mit der nötigen Distanz zur Kenntnis nimmt.

– Ich habe es Ihnen erzählt, um Sie zu reizen und Sie einzuladen, sich in diese Gemeinschaft, die Gott mit Jakob in Gang gesetzt hat, hineinnehmen zu lassen, damit wir selbst beginnen zu erzählen, weiterzuerzählen. Vierundzwanzig Seiten saubere, akkurate Sütterlin-Schreibschrift, ist das nichts? Können wir das auch? Damit das Erzählbuch Gottes noch reicher werde?

VI

Daher geht jetzt die Frage an uns alle weiter: Haben Sie schon mal von Gott geträumt? Sag, hast Du schon mal von Gott geträumt? War's ein schöner, war's ein schmerzlicher Traum? Hat sich Gott Dir so gezeigt? Willst Du es erzählen? Das würde ich gern hören. Mich würde brennend interessieren, was Gott Dir im Traum zu sagen hatte, gesagt hat.

......

Ja, und wenn diese Andacht nicht ihre feste Form und ihre klaren Zeit-Gesetze hätte, dann könnten wir jetzt damit beginnen, uns gegenseitig Träume von Gott – Wachträume und Nachtträume – zu erzählen. Du mir, ich Dir, wir uns. Denn die Geschichte von Jakobs Traum ist natürlich noch längst nicht ausgeträumt, noch nicht abgeschlossen. Sie ist offen, entwickelt sich weiter, wickelt sich weiter auf. Eine Erzählung löst die andere ab, Gott allein weiß, wie es endet.

Aber ich denke: Es wird von uns Menschen her keine unendliche Geschichte sein. Denn wir alle sind begrenzt, unser Leben ist begrenzt. Wir sind endlich, wir Menschen, wir alle. Keiner von uns kann diese Geschichte zu Ende erzählen. Daher: Eine unendliche Geschichte wird es nicht sein, die wir uns erzählen. Und doch bleibt sie unfertig, unabgeschlossen, ihr wirkliches Ende fehlt noch. Es steht noch aus, heute, morgen, solange wir leben, solange Menschen leben. Wo ist das Ende?

VII

Das bringt mich auf die letzte Ebene unserer Geschichte. Der letzte Schritt ist noch zu tun, der siebente Kreis, der innerste und zugleich weiteste Kreis muß noch geschlossen werden.

Abgeschlossen, fertig, vollkommen ist die Geschichte erst in Gott. Diese Geschichte, die mit dem Traum des Jakob begonnen hat, diesem Traum von der Himmelsleiter, dem Traum, daß Himmel und Erde sich berühren, daß Gott und Mensch sich begegnen. Erst in Gott, dort aber wirklich, findet die Geschichte ihr Ende, kommt sie zur Ruhe, so wie Gott am Sabbat, dem siebenten Tag, ruhte.

Doch das steht noch aus, steht dahin, steht alles noch dahin. Von Gott geht die Geschichte aus, zu ihm führt sie wieder hin. Und wir stehen erzählend dazwischen: unvollkommen, unfertig, unabgeschlossen; einander halbe, ganze Erzählungen zuraunend, von unserem Glauben und unseren Träumen erzählend. Erst bei ihm finden sie ihre Ruhe, unsere unfertigen Erzählungen und Träume von Gott.

Wie hatte es doch begonnen? Die Engel stiegen auf und nieder, auf und nieder. Zwischen Himmel und Erde, hin und her.

Der schöne und gute Traum, daß Gott mir in meinem Leben begegnet. Irgendwo, ich weiß nicht wo. Und daß sich so mein Glaube entwickelt, ent-blättert, damit das leere Blatt meines Glaubens beschrieben werden kann. So daß wir es anderen zeigen können; so daß wir es von anderen gezeigt bekommen. Sag, hast Du schon einmal von Gott geträumt?

Im nachhinein:

Jakob auf der Flucht

Von Wimper zu Wimper	wie jede Nacht und
laufen die Engel	fragt:
erschaffen chromatische Töne –	»Wann wirst du für mich
Gott träumt von mir	Leiter sein?«

(Helmut Siegel – aufgeschrieben nach dem Hören dieser Predigt)

Gott will, daß wir leben

Reinhard Guischard   **1. Mose 22,1-14**

»Kommt mit mir, laßt uns Abraham einholen, er scheint verrückt zu sein – «
Sara, die Mutter Isaaks, kann nicht ruhig werden: »Unseren Sohn will er ver-
brennen, sieht es als Befehl Gottes, des gleichen Gottes, der uns trotz hohen
Alters den Isaak schenkte. Ich klage ihn an, diesen Gott, der Menschen for-
dert.« ---
»Du kannst nicht mein Gott sein.
Ich will selbst bereit sein, ein Opfer zu bringen, wenn die Situation es erfordert.
Aber welcher Gott verlangt, daß ich andere opfere?
Ich klage den an, der das tut.
Schein-Götter, Götzen haben es nötig, durch den Tod der anderen zu leben.
Das Blut von jungen Menschen soll diese leblosen Gebilde aus den frühesten
Religionen der Weltgeschichte mit Farbe und Leben erfüllen.
Der Krieg fordert Opfer, dieser verschlingende Drache. Ich will ihn nicht, er
ist für mich nicht das, was die Welt am Leben erhält, er ist ein Götze, der
verschwinden muß. –
Der Verkehr fordert Opfer. Wann begreift Ihr endlich, daß wir diesem Schein-
gott von Schnelligkeit und Fahrkomfort so viele Kinder jedes Jahr opfern?
Ich klage die Götter an, die Tier-, Baum-, Natur-, Menschenopfer fordern.«
Sara und mit ihr die Mütter auf der ganzen Welt schreien es heraus:
»Werft diese Götter um, die Lebensopfer fordern. Wir wollen diesen Preis nicht
zahlen, er ist zu hoch!
Kommt, laßt uns Abraham einholen, ihm das Schwert und das Brennholz ent-
reißen. Niemand auf der Erde und im Himmel soll sich auf ihn und seinen
Gehorsam berufen können, wenn er andere zum Todesopfer beauftragt.
Warum sagt er nicht ›nein‹ – Abraham, was tust Du, Du darfst nicht gehor-
chen!«
Sara schreit es heraus:
»Isaak, siehst Du nicht, was passiert, lauf weg, frag Deinen Vater, was er mit
Dir vorhat. Du mußt etwas tun, damit er sich nicht versündigt.
Isaak wehre Dich, protestiere, wir sind bald bei Dir.«

Isaak wird mutig:
»Vater Abraham, warum schaust Du mich nicht an, was hast Du vor?
Was willst Du tun mit Schwert und Holz? – Wenn Du ein Tier schlachten willst,
um sein Blut für Gott zu vergießen und einen Teil für uns zuzubereiten – nach
der Väter Sitte – wo hast Du es dann?

Ich, Dein Sohn, bin das einzige Lebendige, das mit Dir geht. Vater, willst Du mich auf die Schlachtfelder schicken, soll ich sterben, damit Du lebst? –
Was tust Du, will Dein Gott, daß Du mich ermordest?
– Warum, o Gott, verlangst Du solch ein Opfer? Du kannst das von meinem Vater nicht verlangen. Er, der Dir abgrundtief vertraut hat, er, der für Dich Haus, Gemeinschaft und Hof verlassen hat, weil in seiner Heimat dem Mondgott geopfert wurde; weil er eben genau das nicht mitmachen wollte.
Weil er Dich als den Lebendigen erkannte, wies er alles zurück, um nicht den mordenden Toten zu dienen. Gott, warum verlangst Du meinen Tod?
Und wenn Du mich nicht hörst« –
Isaak schreit es heraus –
»Dann höre die Klage meiner Mutter und der anderen Mütter Schreie.
Warum muß das sein? Wir wollen nicht, daß unsere Kinder und Alten und Menschen in den besten Jahren hingegeben werden. –
Stimmt es wirklich, daß Du solchen Wahnsinn forderst? Bist Du, Gott, wie der Mensch, der mit seiner inneren angestauten Wut nicht eher zurechtkam, bis er das Blut von anderen oder zumindest sein eigenes sah?
Das ist nicht in Ordnung!
Stimmt es wirklich, daß Du sogar den Tod Deines Sohnes Jesus gefordert haben sollst, damit Deinem Zorn Genüge getan ist? Läßt Du uns Menschen wie in einer Rennbahn laufen, um von ferne zu schauen, wie wir die von Dir aufgebauten Hürden nehmen?
Verlangst Du wirklich solche Prüfungen und Opfer von uns, von Abraham, wozu? Du weißt doch vorher, was dabei herauskommt!«

»Ja, Sara,
ja, Isaak, ich höre Euer Schreien.
Keiner dieser Rufe geht verloren.
Wann werdet Ihr endlich verstehen, daß ein Gott, der das Leben schafft, ja selbst die Lebens- und Liebeskraft in der geringsten Lebensregung ist, daß ich als dieser Gott keine Lebensopfer brauche?
Ich gebe Leben, und ich nehme es nicht mordend als Opfer zurück. Nein, ich habe es nicht nötig, die Glaubenskraft eines Menschen zu prüfen. Wieviel Vertrauen er zu mir hat, das weiß ich, das sehe ich an seinem täglichen Handeln besser. Ich brauche keine Prüfungsaufgaben, ich teile die Menschen nicht ein in Gläubige Klasse 1 – 13.
Ich will die Liebe und das Vertrauen stärken, aber nicht prüfen. Ich habe nie das Opfer meines Sohnes Jesus gefordert. Er hätte einen anderen Weg gehen können. Seine Freunde haben ihm geraten, nicht nach Jerusalem zu gehen.
Natürlich wußte ich, was dort passieren würde. Auch er hat es gewußt, mein geliebter Sohn. Er ging den Weg weiter, weil er meinen Weg auf Erden gehen wollte.

Ich bin immer dort, wo Menschen in Not, Klage und Verzweiflung sind. Ich weine mit den Kranken, schreie mit denen, die, wie auch immer, ermordet werden. Wer irgendein Wesen, ein Tier, eine Pflanze, einen Menschen tötet, der tötet mich, und so sterbe ich täglich auf den Straßen von Jerusalem, von Hamburg, von Goslar. Damals und heute.

Und weil Jesus das wußte, darum war er bereit, für die vielen Leidenden in den Tod zu gehen, so wie ich mit in den Tod gehe, dort bei jedem bin, um – so wie meinen Sohn Jesus – jeden einzelnen zu empfangen.

Ich will keine Opfer, aber wer mit mir geht, der kann oft bis an die Grenze von Leben gelangen, so wie ich ständig an dieser Grenze für das Leben kämpfe.

Ja, es sind früher den Göttern, auch mir, Opfer gebracht worden. Ich wollte nie ein Menschenopfer. Es hat lange gedauert, bis die Menschen begriffen, daß ich auch keine Tieropfer will. Um das klarzumachen, haben meine Freunde den Tod Jesu als das letzte Opfer beschrieben.

Die Christen haben das begriffen, sie opfern nicht mehr mir. Aber dennoch scheinen sie manchmal in einen tiefen Opferzwang zu verfallen und beginnen wieder, anderen Göttern zu opfern:

dem Wohlstand,

dem Verkehr,

dem Krieg – .

Ich will diese leblosen Götter nicht neben mir, weil sie Leben zerstören, manchmal mehr, als ich zugleich in der Lage bin, Leben zu schaffen.«

»Abraham, hast Du das nicht gewußt, daß Dein Gott Dich nicht versucht und niemals das Opfer Deines Sohnes wollte?«

»Ja, ich habe gewußt – besser – ich habe fest darauf vertraut, daß mein Gott nicht Isaak von mir verlangen würde. Obwohl ich manchmal dachte, wir hätten Isaak nicht verdient, er würde vielleicht von uns zurückgefordert. Das war damals, als er in großer Gefahr war, oder manchmal, wenn mir die Unwürdigkeit einfiel, mit der ich oft selbst Gott gegenüber auftrat. Ich dachte schon oft, Isaak müßte ein Opfer meiner Fehlentscheidungen werden, so wie alle Kinder die mehr oder weniger leichten Verfehlungen ihrer Eltern mit auszuhalten haben. Das war aber nur die eine Seite. –

Auf der anderen Seite vertraute ich darauf, daß selbst dort, wo der Tod Isaak nehmen würde, selbst dort Gottes Weg mit uns nicht zu Ende sein könnte.«

Vielleicht hat deswegen der alte Erzähler Abraham das Opferschwert erheben lassen, um das Gottvertrauen noch dramatischer zu schildern. Dieses Schwert ist ein Sinnbild für die vielen Gefahren, für die Opfer, die Abraham und die Seinen, aber auch wir, bereit sind, unseren Göttern Wohlstand, Geschwindigkeit, Sicherheit, Gesundheit zu bringen. Und dagegen steht ebenso klar und eindeutig dieses: »Ich will nicht, daß Ihr Euch und Eure Kinder opfert, ich will, daß Ihr lebt.«

Fassen wir noch einmal unsere Gedanken zusammen am Ende dieses Gespräches mit dem über 3000 Jahre alten Text:

1) Unser Gott will nicht, daß Lebewesen geopfert werden, ihm nicht und keinem Scheingott.

2) Er verordnet nicht Leid und Tod für andere, auch nicht als Prüfung. Er geht mit den Leidenden, er ringt auch und gerade in dem Tode für das Leben.

3) Das kann für Menschen, so auch für Jesus, die Konsequenz haben, den Weg Gottes in Leid und Tod mitzugehen, anstatt andere an das Kreuz zu nageln; selbst bereit zu sein, das Kreuz, wo es sich im Alltag zeigt, zu nehmen, so wie Gott es ständig für seine Welt tut.

4) Das kann aber auch bedeuten, daß mitten im eigenen Leid, wo kein Ausweg mehr möglich scheint (so wie bei Abraham und Isaak in unserer Geschichte), die enge Verbindung zu Gott erfahrbar wird und so neue Lebensmöglichkeit entsteht.

Wo auch im Augenblick unser Weg ist –

ich hoffe darauf, daß der Friede Gottes, der größer ist, als wir denken können, uns dazu verhilft, mit ihm gegen jedes Opfer von Natur und Mensch zu kämpfen, weil er in allem seinem Handeln unser Leben retten und bewahren wird.

Sie gingen miteinander

Walter Krug   **1. Mose 22,1-14**

Viel Elternleid hört bei dieser Geschichte mit. Ich möchte Sie bitten, liebe Gemeinde, sich neben eine Mutter und einen Vater zu setzen, die dies erlebt haben:

Seit einigen Wochen merkten sie, daß ihren Sohn etwas bedrückt. Zwar zeigte Sebastian noch immer sein fröhliches Wesen; ja, seit dem Abitur entwickelte er im Haus mit seinen Geschwistern eine fast übermütige Hektik. Auf die Abiturprüfung angesprochen, zog er sein Gesicht zur Grimasse: »Die Mathematikarbeit hätte ich fast verhauen. Es war, als hätte ich ein Brett vor dem Kopf.«

Sebastian wollte Architekt werden. Deshalb fing er an, bei einem Schreiner zu arbeiten. An einem Abend setzte er sich zu seiner Mutter in die Küche. Fast beiläufig sagte er: »Ich muß zum Arzt gehen. Heute hat mir an der Hobelbank der rechte Arm nicht gehorcht. An der Maschine ist das nicht gut.«

Noch am gleichen Abend besprach sich der Vater mit dem Hausarzt. Der riet, gleich zum Neurologen zu gehen. Und damit begann ein langer Weg steil bergauf. Sie gingen ihn zusammen, die Eltern und der Sohn. »Sebastian wird wohl für zehn Tage zu uns in die Klinik kommen müssen«, sagte der Neurologe. Die Symptome können viele Ursachen haben.« Der junge Mann nahm die endlosen Untersuchungen gelassen hin. Er gewann sogar seine alte Fröhlichkeit wieder zurück. Denn keine der vielen Aufnahmen und Tests zeigten einen ernsten Befund. Nur manchmal, wenn er schnell aufstand, schüttelte ihn ein Muskelkrampf. »Damit werde ich schon fertig«, beruhigte er seine Eltern.

Der Professor bat den Vater zum Gespräch. »Wir haben wirklich nichts gefunden.« Der Vater wollte aufatmen. Doch der ernste Blick des Arztes gab ihm plötzlich eine entsetzliche Angst ins Herz. »Sie verschweigen mir etwas. Bitte, sagen Sie mir, wie es um Sebastian steht.« Der Arzt schüttelte den Kopf. »Nein, es ist, wie ich sagte. Wir wissen nichts über die Ursache. Das Ende ist völlig offen.« Und nach einer Pause: »Nehmen Sie Sebastian für ein paar Tage nach Hause. Und dann bringen Sie ihn nach H., in das Klinikum. Dort gibt es noch ein paar Möglichkeiten mehr.« Als der Vater nach dem Gespräch durch den Park ging, blieb er vor einem Beet blühender Osterglocken stehen: »Und ich habe immer geglaubt, Gott sei einer, der das Leben liebt. Ich fürchte, er hat diese Zusage zurückgenommen.«

An einem Sommertag fuhren sie nach H. Mit Bedacht fuhr der Vater durch kleine Dörfer, durch die Wälder am Weg, dann das Wesertal hinab, durch die alten Städte, Hannoversch Münden, Karlshafen, Hameln. Auf dem Fluß ein Ausflugsdampfer, junge Leute, die herüberwinken. »Vater.« – »Ja?« – »Warum muß ich denn noch nach H. in die Klinik? Glaubst du, die werden etwas finden?« Der Vater braucht lange, bis er antworten kann. Dann findet er Worte, etwa so: »Die Wissenschaft ist neugierig. Sie können etwas, das noch nicht geklärt ist, nicht auf sich beruhen lassen.« – »Können die wissen, wie es mit mir weitergeht?« – »Nein, endgültig wissen können sie es auch nicht. Aber die paar Tage im Klinikum gehen schnell vorbei. Und dann machen wir Urlaub, wie die jungen Leute auf dem Schiff.« Da nahm Sebastian die Hände vor sein Gesicht. Seine Mutter versuchte schüchtern eine Umarmung.

Auch die Untersuchungen in H. brachten kein Ergebnis. Sebastian nahm sich vor, seine Beschwerden zu überspielen. Da er nun nicht mehr Architekt werden konnte – er bekam Schwierigkeiten mit dem Gleichgewicht –, schrieb er sich in einer Fachhochschule für Sozialpädagogik ein. Die Tage gingen ins Land.

Dann und wann suchte der Vater den Professor auf. »Wir reden nicht mehr darüber. Es ist fast, wie es früher war. Ob wir nicht doch hoffen können?« Es war lange still in dem nüchternen Arbeitszimmer des Arztes. Kaum merklich schüttelte er den Kopf. »Ich habe Sebastian dieser Tage flüchtig im Konzert gesehen. Ich fürchte, sein Gesicht verändert sich.«

An diesem Abend suchte der Vater seinen Pfarrer auf. »In einem solchen Augenblick meinen Sie, Gott und die Welt wären Ihr Feind. Da steigen Sie einen steilen Berg hinauf. Und der Berg will Sie erschlagen. Es geht bald über unsere Kraft. Sebastian will sich nichts anmerken lassen, aber seine Augen fragen und fragen.« Wie einer Eingebung folgend nahm der Pfarrer seine Bibel vom Tisch. Er schlug weit vorne auf: »Und Gott sprach zu Abraham: Nimm Isaak, deinen Sohn, den du liebhast und gehe hin in das Land Morija auf einen Berg ... und die beiden gingen miteinander. Und Isaak fragte seinen Vater: Siehe, hier ist Feuer und Holz; wo ist aber das Schaf zum Brandopfer? Und Abraham antwortete: Mein Sohn, Gott wird sehen ... Und die beiden gingen miteinander weiter.«

Der Vater sprang auf. »Sie müssen mir die Stelle aufschreiben. Diese Geschichte muß ich meiner Frau vorlesen. Sie macht wirklich Hoffnung.« »Ja, tun Sie das. Aber ich muß Ihnen für Ihre Frau eine kleine Überlegung mitgeben.« Der Pfarrer schien jedes Wort abzuwägen. »Bedenken Sie, der Vater Abraham konnte, als sie unterwegs waren, noch nicht wissen, wie der Weg, den er mit Isaak ging, enden wird. Er konnte, so wenig wie Sie, hinten nachschlagen, wie die Geschichte ausgeht. Es hat schon guten Grund, daß Abraham später ›Vater des Glaubens‹ genannt wurde.«

Im Februar machte Sebastian eine Rodelpartie mit seinen Freunden. In einer der folgenden Nächte bekam er Fieber. Seine Mutter begleitete ihn ins Krankenhaus und blieb bei ihm, bis er zwei Tage danach, als die Sonne aufging über den Talbergen, starb.

Drei Tage war Abraham mit seinem Sohn unterwegs zum Berg Morija. Der Weg, den die Eltern mit Sebastian bergauf gingen, dauerte drei Jahre. Doch sie sind, wie Abraham und Isaak, wirklich miteinander gegangen. Gott kann seine Geschichten mit uns immer auch anders enden lassen. Es ist bei ihm nichts festgelegt. Außer dem einen: Vom ersten Tag an hat er diese drei Menschen, die miteinander gingen, begleitet. Er ist nicht blind für Entsetzen und Schmerz. Beide gehen durch sein väterliches Herz hindurch. Abraham nannte den Ort »Der Herr sieht«. – Sehr viel mehr brauchte der Pfarrer nicht zu sagen. Die Eltern Sebastians verstanden, was eigentlich nicht zu verstehen ist.

Alles auf Null?

René Leudesdorff   3.Mose 25,1-24

Menschenauflauf vor der Bürgermeisterei von Bethlehem! Erregt gehen die Stimmen durcheinander.»Unsere Gemeindeältesten spinnen!« läßt sich ein Landwirt vernehmen.»Da haben wir jahrzehntelange Aufbauarbeit nach der Rückkehr aus dem babylonischen Exil geleistet, und nun soll das alles für die Katz sein? Was denken die sich eigentlich: hier so per Dekret und mit Posaunenklang, wie's in der Schrift zu lesen steht, plötzlich das große Erlaßjahr zu verkündigen!?«–»Du hast doch nur Angst um deinen Besitz«, meint ein anderer,»den du dir zusammengegaunert hast!« – »Wieso?« entgegnet ein dritter,»als wir anfingen, hatte doch beinahe jeder gleich viel, so wie vor Urzeiten bei Josuas Landnahme, als alles Land an die zwölf Stämme, an die Sippen und Familien gleichmäßig verteilt wurde.«
»Na ja«, sagt ein Bedächtiger,»das ist doch schon sehr lange her, und in den Jahrhunderten seitdem hat sich 'ne Menge verändert in diesem Lande.« –»Wie denn, was denn?« tönt es von mehreren Seiten.»Na ja, unsere ursprüngliche freibäuerliche Verfassung war schon seit dem Aufkommen des Königstums – Saul, David Salomo – ganz schön durchlöchert. Teilweise verarmten die Bauern, viele verpfändeten ihren Grundbesitz, ja es gab – und gibt! – sogar Schuldsklaverei unter uns, eine Schande vor dem Herrn, wie ich meine.« – »Ja, ja«, kommt eine zittrige Stimme von hinten,»das ist Sünde, und überhaupt dieses Latifundienwesen, das sich jetzt wieder neu ausbreitet, wo die Wohlhabenden ihr Land gegen hohe Auflagen verpachten, es gar nicht mehr selbst bewirtschaften und in feine Stadtvillen nach Jerusalem oder Jericho ziehen.« – »Hört! Hört! ruft ein junger Mann.»Als ein Volk von Freien und Gleichen hat uns der Herr haben wollen. Darum heißt es in der Schrift: ›Ihr sollt das Land nicht für immer verkaufen, denn das Land ist mein, und ihr seid Fremdlinge und Beisassen bei mir.‹ Es gehört also dem Herrn und nicht uns, und auch nicht den vermögenden Herren, die es sich nach und nach angeeignet haben.«
Jetzt kommt Stimmung auf. Ein Freund des letzten Redners wird heftig:»Und darum, liebe Leute, spinnen die Gemeindeältesten mitnichten, wenn sie jetzt mit dem Erlaßjahr ernstmachen. Sonst müssen wir noch einmal ins Exil und solange dort ausharren, bis alle nicht eingehaltenen Sabbatjahre nachgeholt sind. So jedenfalls haben sie es damals in Babylon gesehen. Wir sollten die ökologischen Pausenjahre ernst nehmen und dem Land seine Ruhe lassen, aber auch die sozio-ökonomischen Ungleichheiten wieder aufheben. Das wäre eine Kulturrevolution!«

»Da hört sich doch alles auf!«, erregt sich nun ein gutgekleideter Landwirt. »Wo hast du denn die Fremdwörter aufgeschnappt?« – »Auf der Akademie, wo sonst? Ich bin ein bißchen herumgereist ums Mittelmeer, und ich weiß, daß diese sozialreformerischen Ideen der Exilszeit bereits vor gut hundert Jahren in anderen Ländern wirkten, etwa bei Solons Gesetzgebung in Athen.« – »Trotzdem ist das Unsinn. Solche Utopien wie das Hall- und Erlaßjahr mußt du dir aus dem Kopf schlagen. Die sind einfach nicht durchführbar. Wie sollen wir rationelle Agrarwirtschaft betreiben, wenn wir immer wieder zu den alten Klein-klein-Verhältnissen zurückkehren müssen! Unser Gemeinderat mag ja recht fromm sein, aber spinnen tut er doch!«

»Fromm oder nicht, liebe Leute«, so die Stimme des Bürgermeisters. »Wir finden, daß Israels ›Israel-Sein‹ durch die sozialgeschichtlichen Veränderungen ins Wanken gerät. Unsere uralte frei-bäuerliche Verfassung war nicht nur gut, sondern sie kam vom Herrn. Und weil das Land, das ihm und keinem sonst gehört, seine Ruhe braucht, um nicht ausgelaugt zu werden – sowohl der Akker als auch der Mensch –, darum diese Befriedungsmaßnahme alle sieben und alle fünfzig Jahre.« – »Aber das kann doch gar nicht funktionieren«, widerspricht ein anderer. »Ich habe mich auch mit der Schrift befaßt. Und ich verstehe nicht, weshalb unser sonst so geschichtlich denkendes Volk sich weigert, geschichtliche Veränderungen wahrzunehmen und neue Lösungen für neue Probleme zu finden. Wir sind aus theologischen Gründen total fixiert auf ein gesetzliches Bild uralter Verhältnisse, und wir können deshalb geschichtlichen Wandel nur als Abfall begreifen, als Verrat am Ursprung. Darum wird gefordert, im Namen des Herrn die unvermeidlichen Änderungen regelmäßig wieder ›rückgängig‹ zu machen. Das ist doch kein Fortschritt!«

»Diese Schwierigkeiten haben unsere Exilsvorfahren schon selbst empfunden«, meint einer, der bisher schwieg. »Lest mal beim Propheten Ezechiel in seinem ›Verfassungsentwurf‹ nach. Da ist von einer heilszeitlichen Neuverteilung des Landes die Rede, die aber auch eine neue ›Landgabe‹ voraussetzt. Worauf läuft das hinaus? Auf eine Art endzeitliches Schrebergartensystem, an dem Ökopaxe ihre wahre Freude hätten: jeder gleich viel, jeder nach seinen – scheinbar gleichen Bedürfnissen, alle total versorgt. Der Herr selbst muß schon garantieren, daß das funktioniert. Bei den Menschen ist das unmöglich. Nur er schafft das – in der Heilszeit.«

Nun hebt der Bürgermeister seine Hand: »Ich meine, wir können die Diskussion beenden. Es war ein Versuchsballon, den wir da gestartet haben, um Euch zum Nachdenken über unsere Situation in Vergangenheit, Gegenwart und Zukunft zu bringen. Vielleicht kommt ja doch etwas mehr an Gerechtigkeit im Umgang mit dem Land und mit dem Nächsten dabei heraus. Das wäre schon viel. Das Halljahr und das Erlaßjahr sind ja sowieso niemals wirklich durchgeführt worden.«

»Und wo bleiben die Frauen? Warum reden die hier nicht mit?« mokiert sich der junge Revolutionär. »Dürfen die nicht oder trauen die sich nicht?« – »Ach, junger Mann, das ist ein weites Feld«, beruhigt ihn der Bürgermeister, »das dauert noch ein paar tausend Jahre. Und nun geht mal nach Hause, es ist Abendbrotzeit.«

Prophet im Zwielicht

Helmut Siegel   1. Könige 18 und 19,1-8

Mancher von Ihnen hat vielleicht im Religionsunterricht oder im Kindergottesdienst ein wenig von ihm gehört, viele aber kennen ihn nur mit Namen, aus Kreuzworträtseln; alttestamentlicher Prophet mit vier Buchstaben: ELIA. – Der Prophet Elia ist heute die Mittelpunktfigur des Predigttextes, und ich habe mich gefragt: wer war dieser Mann eigentlich? – Nicht, daß ich zuwenig von ihm wüßte, nein, aber: das, was ich weiß, paßt alles nicht zusammen, ergibt kein klares Bild dieses Mannes. – Ich möchte mit Ihnen versuchen, diese verschiedenen Mosaiksteine, die so gar nicht zusammenzupassen scheinen, zu ordnen. Ich will dabei versuchsweise andere reden lassen. Zeitgenossen, ja sogar ein Ginsterbusch soll zu Wort kommen, Stimmen, die uns ihr Bild von ELIA verdeutlichen.

1. Der Mann, der dabei war: Wer Elia war, fragen Sie mich? Nun Elia war der Mann, der uns den Kopf zurecht gerückt hat und uns wieder auf den Weg Gottes brachte. Wissen Sie, wir hatten alle so eine Art Kompromiß geschlossen: wir hielten uns wohl zu dem Gott unserer Väter, der unsere Vorfahren aus Ägypten herausführte. Aber, so dachten wir alle, warum sollen wir daneben nicht auch den Baal verehren? Das war ein so einleuchtender Gott, zuständig für Fruchtbarkeit und Wohlstand. Und wer versucht denn nicht alles, um in Wohlstand leben zu können? Außerdem wurde Baal von der Königin verehrt und überall seine Verehrung empfohlen. Und es brachte ja sicher keine Nachteile, wenn man das tat, was das Königshaus gern sah.

Und dann trat Elia auf und sagte: »Es gibt keinen Kompromiß. Wie lange wollt ihr noch auf beiden Seiten hinken?! Ist der Herr Gott, so gehorcht ihm, ist es aber Baal, so gehorcht diesem.« Ja, so redete er und dann kam es zur großen Entscheidung auf dem Berg Karmel. Ich war dabei und es war ... Aber bitte lesen Sie es doch selbst im 18. Kapitel des 1. Königs-Buches: V. 22-24.26a. 29f.32b.34a.35.36b-40.

(Textlesung).

Das war die Entscheidung, sagte der Mann, der dabei war. Seitdem weiß ich, der alleinige Gott ist der Herr, der Gott unserer Väter. Daran halte ich fest. Dank Elia – .

Wenn ich das so höre, liebe Gemeinde, dann wünsche ich mir auch so einen wie Elia für uns. Einen, der so deutlich zeigt, wie wir einen Kompromiß schließen zwischen Gott und dem Lebensstandard, Gott und dem Konsum: steht eine größere Anschaffung bevor, gut, dann spenden wir eben weniger, eine 2 in Religion ist ganz schön, aber eine 2 in Mathematik halten wir für wichtiger, in der Welt verhungern Hunderttausende, das tut uns leid, aber sollen wir unseren Wohlstand aufgeben? Ich wünsche mir einen, der solch' faule Kompromisse aufdeckt, der dazwischenfährt wie ein Elia und uns die Augen öffnet, einfürallemal. – Aber: das ist eben nicht der ganze Elia. Hören Sie weiter.

2. Der Diener: Ja, ich war Diener des Elia, aber ich habe meinen Dienst dann aufgegeben. Ich war enttäuscht über ihn, ja enttäuscht. Warum? Nun lesen Sie doch nach, wie es weiterging, damals nach den Ereignissen auf dem Berg Karmel: 1. Kön. 19,1-3. (Textlesung).

Verstehen Sie jetzt, warum ich enttäuscht war? Elia, der Held, der die Baalspriester abschlachtet, aus Rache für die ermordeten Propheten Gottes – ja, aber anstatt der Königin zu trotzen, sich auf Gott zu verlassen, flieht er in wilder Jagd durch das ganze Land bis über die Südgrenze. Ich konnte das nicht fassen: erst so, der Glaubensheld Elia und dann so: Elia, der Feigling. – Später, ja, später habe ich verstanden. Elia hatte gegen Gottes Willen gehandelt, glauben Sie mir. Das göttliche Feuer auf dem Karmel, das hat nur das Opfer verzehrt, die Baalspriester ließ es am Leben. Die brachte erst Elia um, aus Rache und so wird er zum Diener der Rache, stellt das Gesetz der Rache über Gott. Ist das nicht klar? Der Rächer auf eigene Faust wird zum Gefangenen dieser Rache, nun fürchtet er die Rache der Königin. Wie Du mir, so ich Dir – nach diesem Gesetz geht es jetzt zwischen Elia und Isebel, und Elia ist gefangen in diesem Teufelskreis. Dem die Rache über alles geht, der verliert seinen Glauben, leugnet, daß Gott allein Herr über Leben und Tod ist. Und ist erst der Glaube ausgehöhlt, dann zieht die Furcht ein.

Ja, dachte ich, so wird es gewesen sein mit Elia, und ich erkenne ein Stück von mir selbst in ihm. Wie habe ich denn reagiert, als ich damals von der Entführung und Ermordung Hanns Martin Schleyers hörte, habe ich mir da nicht Rache gewünscht, Rache an denen, die so etwas taten? Habe ich mich über die Selbstmorde der Terroristen nicht auch klammheimlich gefreut, so tief innen: »Recht geschieht denen!«? Und ist das nicht auch mein Lebensgesetz: Wie Du mir, so ich Dir, grüßt Du mich, grüße ich wieder, bist Du freundlich zu mir, bin ich auch freundlich zu Dir. Wes Geistes Kind bin ich eigentlich? So wie Elia oder wie die Jünger, die Feuer regnen lassen wollen, oder lasse ich mich vom Geist Jesu leiten: »Was Du willst, daß Dir die Leute tun, das tue ihnen auch.« – Elia, auch so wie ich. Aber das ist doch nicht die ganze

Wahrheit, noch wissen Sie nicht, weiß ich nicht, wer er denn wirklich war. Darum hören wir weiter.

3. Der Ginsterbusch: Ja, was kann Ihnen ein Ginsterbusch schon sagen? Aber, wenn Sie wissen wollen, wer das eigentlich war, der Elia, dann tuen Sie schon recht daran, mich zu fragen. Ich kann es Ihnen sagen. Elia, das war ein Gescheiterter. Er war am Ende. Nicht nur an seinem Auftrag gescheitert, nein, sein Glaube war zerbrochen. Er war nicht nur lebensmüde, nein, gottesmüde war er. Lesen Sie selbst, wie es damals war: 1. Kön. 19,4-5a. (Textlesung).

In der Wüste einschlafen wollen und nicht mehr aufwachen wollen. Irgendwie kann ich ihn verstehen, den Elia. Er fühlt sich am Ende, alles ist für ihn sinnlos geworden. Mich erinnert das an Menschen, denen es auch so ging: da schreibt eine junge Witwe in ihr Tagebuch: Geld verdienen – wozu? Staub wischen – wozu? Blumen in Vasen stellen: wozu? Mich pflegen: wozu? Weiterleben: wozu? – Da hockt der, der mit dem 6. Schuljahr abgehen mußte, auf der Treppe und murmelt: »Aus! Ist doch alles sinnlos! Wer will mich denn schon – ohne Hauptschulabschluß!« – und der Mann, dem ich fröhlich zu seinem Geburtstag gratuliere, meint: »Ach, mir wird meine Zeit zu lang! Ich will nicht mehr!« und erzählt dann vom Tod der Frau und dem Tod der 2 Söhne. – Am Schicksal zerbrochen, gestrandet, sicher, aus ganz anderen Gründen als Elia. Aber lebensüberdrüssig wie er. Und Gott als ganz weit weg erlebend. Wie er. – War das nun Elia, liebe Gemeinde? Der Glaubensheld, der einmal seinem Gott nicht traut und die Rache in die Hand nimmt, der in den Abgrund von Angst und Verzweiflung gerät und sterben will? – Einer bleibt noch zu fragen.

4. Der Engel oder irgendeiner: Ja, Sie zögern schon mit Recht, wie Sie mich anreden sollen. Die das damals aufschrieben, die waren sich nicht einig: einer schrieb: ein Engel, und andere schrieben: irgendeiner. – Was nun stimmt? Sie stellen Fragen: beides natürlich. Oder wie haben Sie sich einen Engel vorgestellt? – Doch: Sie wollen ja wissen, wer Elia wirklich war. Nun, das, was Sie bisher gehört haben, stimmt alles und ist doch nur die Außenansicht. Mit den Augen von Menschen, nicht mit den Augen Gottes gesehen. Wie Gott ihn sah? Nun lesen Sie doch 3 Verse weiter: 1. Kön. 19,5b-8. (Textlesung).

Begreifen Sie jetzt? Gerade als Elia am Ende ist, gibt Gott ihn nicht auf. Er sieht über die Furcht, den zerbrochenen Glauben des Elia nicht einfach hinweg, nein, aber er sieht ihn als einen von ihm geliebten Menschen an. Elia gibt auf: seinen Auftrag, seinen Glauben, sich selbst. Aber Gott gibt *ihn* nicht auf. Er sendet mich. Irgendeinen. Nicht viel, was ich dem Elia im Auftrag Gottes bringe: ein bißchen Wasser und ein bißchen Brot, kärgliche Speise. Aber eben: im Auftrag Gottes, als ein Zeichen, daß Gott das Leben dieses Mannes will, nicht seinen Tod. Und es langt. Es langt dazu, daß Elia sich wieder aufmacht, auf die weite Reise, weg vom Gott, der Rache ist, hin zu dem Gott, der neue

Anfänge schenkt, Elia und dem Volk Israel. Und das zählt, liebe Gemeinde, das allein: Wie Gott den Elia sieht, wie Gott Sie sieht, wie Gott mich sieht. Wie Gott aus dem Rachen der Verzweiflung rettet, durch irgendeinen, der in seinem Auftrag kommt.

Und mir fällt ein, daß die junge Witwe auch in ihr Tagebuch schrieb: »Ich rannte zum Telefon. Es war Vera. Von da an rief sie mich in der ersten Zeit jeden Morgen und jeden Abend an. Wenn die Menschen doch wüßten, wie sehr sie mit einem bloßen Anruf helfen können!« – Ein paar Telefongespräche, nicht viel, eben: Wasser und Brot, und doch geben sie Mut und Kraft. Und ich denke an das Abendmahl gleich: ein Bissen Brot und ein Schluck Wein. Nicht viel, und doch steckt in ihnen verborgen die Gegenwart Gottes, der mit uns neu anfängt. Trotz allem, was war. Und ich begreife: nicht, was andere von uns denken, nicht, was ich selbst von mir denke, ist wichtig. Wichtig ist allein, was Gott von uns denkt, daß er uns immer wieder braucht. Egal, ob wir scheitern, zweifeln oder verzweifeln. Er will uns. Er braucht uns. – Vielleicht als »irgendeinen«, der zu einem geht, der am Ende ist, und ein kleines Zeichen bringt von dem Gott, der keinen aufgibt. Vielleicht braucht er uns als einen wie Elia, der durch eine Kleinigkeit hindurch die Kraft und Liebe Gottes erfährt. Vielleicht haben manche von uns den gleichen Weg. Vielleicht gehen wir auch allein. Aber sicher ist: wenn wir gehen, dann treffen wir uns, nicht am Horeb, aber unterm Kreuz Jesu, dem Zeichen dafür, daß Gott sich selbst aufgab, weil er uns niemals aufgibt. Niemals. So wie Elia.

Volkszählung damals

Peter Schröder   **1. Chronik 21,1-17**

Mosche ben Esra war guter Dinge. Er hatte wunderbar geschlafen, ausgiebig gefrühstückt und wollte jetzt noch ein wenig seinen Gedanken nachhängen, um sich dann bald an die Arbeit zu machen. Gerade hatte er sich bequem zurückgelehnt und sich eine Tasse heißen Tee eingeschenkt, als es draußen an seine Tür klopfte. »Wer mag das sein«, fragte er sich, »um diese Zeit?« Aber wie immer, wenn er sich selbst solche Fragen stellte, bekam er keine Antwort. Und so ging er zur Tür und sah nach. Draußen stand ein Mann, ein Fremder. So wie er gekleidet war, konnte er nicht aus der Gegend sein. Eher schon aus der Stadt – jedenfalls sah er so aus in seiner gepflegten Kleidung. Und bevor Mosche noch weiter darüber nachdenken konnte, was es mit diesem Besuch auf sich hatte, nahm ihm schon der Fremde die Denkarbeit ab.

Er räusperte sich und sagte: »Schalom, Friede sei mit dir! Dein Name ist Mosche ben Esra?« »Ja, gewiß«, antwortete der Befragte, »aber ...« »Ich komme von der Volkszählung«, fiel ihm der andere ins Wort, zog ein Ausweispapier aus seiner Tasche und hielt es Mosche unter die Nase. Was freilich ziemlich sinnlos war, denn so gebildet war Mosche nicht, daß er hätte lesen können. Aber daß dieses Stück Papier da etwas Amtliches sein mußte, das merkte er sofort – schließlich war das große Siegel nicht zu übersehen. Und so bat er den Fremden herein – nicht etwa, weil ihn das amtliche Siegel so sehr beeindruckt hätte, sondern weil ihm die Gastfreundschaft über alles ging, und er es haßte, Fremde vor der Türe stehenzulassen.

»Ich komme von der Volkszählung«, begann der Fremde noch einmal, als sie sich drinnen gesetzt hatten. »Das sagtest Du bereits«, unterbrach ihn Mosche, immer noch mit einem recht verständnislosen Gesichtsausdruck. Und weil er es auch wirklich nicht verstand, fragte er: »Von was für einer Volkszählung sprichst Du eigentlich?« »Na, von *der* Volkszählung«, antwortete der Fremde geduldig, »sag nur, Du hast noch nie davon gehört! Alle reden doch davon, sie reden ja fast von nichts anderem mehr.« »Wer – ›alle‹?« fragte Mosche nach. »Eben alle, jeder, es ist das Gesprächsthema Nr.1 seit Wochen schon. In allen Teehäusern, auf allen Märkten wird darüber geredet.« Und Mosche dachte darüber nach, daß er wohl schon lange nicht mehr auf dem Markt gewesen war. Und Teehäuser? Das Stammtischgeschwätz der anderen hatte ihn noch nie sonderlich interessiert, meist kam doch nur dummes Zeug dabei heraus. Und überhaupt hatte er keine Zeit dazu, mit Teehausschwätzern den Tag zu verbringen. Volkszählung? Nein, davon hatte er nun wirklich noch nie etwas gehört.

»Möchtest Du mir bitte erklären«, fragte er deshalb den Fremden, »was es auf sich hat mit dieser Volkszählung und was das Ganze soll?« »Du verlangst viel von mir«, antwortete der Fremde. »Was das Ganze soll, hat man mir versucht zu erklären. Aber offen gesagt: verstanden habe ich es nie so recht. Aber notwendig sei es, das hat man mir versichert. Man könne sonst nicht richtig planen – was auch immer die da oben planen wollen.« »Siehst Du«, sagte der Fremde weiter und beugte sich vertraulich zu Mosche vor, »ich bin ja auch nur als Zähler verpflichtet worden, weil ich im Staatsdienst bin unten in Sichem. Da fragt dich keiner, ob du willst oder nicht, da wird befohlen. Der König und seine Ältesten beschließen – und wir müssen springen, so ist das nun mal.«

»Hm«, machte Mosche, denn jetzt begann er zu verstehen, »also König David hat beschlossen, sein Volk zu zählen. Aber sag mir, wie – um des Höchsten willen – kommt er denn auf eine solche Idee? Sagt man nicht im ganzen Land, der Herr habe ihn begabt mit großer Weisheit? Und hat nicht Gott, der Herr, unserem Volk verheißen, seine Zahl solle sein wie der Sand am Meer, den man weder messen noch zählen kann? Es wird Gott, dem Herrn, nicht gefallen, was David tut, da bin ich gewiß.« Der Zähler war aufgestanden und ging nun unruhig im Zimmer auf und ab. »Soll das etwa bedeuten«, sagte er erregt, »soll das etwa bedeuten, daß Du die Angaben verweigern willst? Bist Du auch einer von diesen Boykotteuren, mit denen die Kollegen so viel Ärger haben, die den Stamm Benjamin zählen sollen? Der ganze Stamm hat sich in den Bergen versteckt, weil sie nicht gezählt werden wollten. Geht das hier jetzt auch schon los?«

»Beruhige Dich wieder«, besänftigte ihn Mosche, der doch etwas erschrocken war über diese heftige Reaktion. Und er dachte angestrengt nach: Aha, es gab also auch Leute, die diese Zählung boykottierten. Der Stamm Benjamin war einfach unerreichbar für die Zähler. Gar nicht so dumm. Vielleicht hatten die ja recht. Vielleicht sollte man sich wirklich einfach nicht zählen lassen. Aber andererseits, so ging es ihm dann durch den Kopf, dem König muß man gehorchen. Er ist von Gott in sein Amt eingesetzt und vom ganzen Volk bestätigt worden. Nein, Ordnung muß sein, auch wenn der König Dummheiten macht. Und dann faßte er seinen Entschluß: Nein, er würde die Angaben nicht verweigern, das nicht. Gesetz ist Gesetz, so oder so. Aber er würde mit seiner Meinung nicht hinter dem Berge halten. Laut und deutlich würde er es sagen, daß er diese Volkszählung für dummes Zeug hielt.

»Beruhige Dich wieder«, sagte er daher noch einmal zu dem Fremden, der gekommen war, um ihn zu zählen, »beruhige Dich und setz Dich wieder hin. Welche Angaben brauchst Du denn von mir?« Der Zähler begann in seinen Unterlagen zu wühlen. Dann, als er endlich den richtigen Boden gefunden hatte, stellte er seine Fragen: »Familienname, Vorname, Alter? Zahl der Kinder? Wie viele waffenfähige Söhne?« usw. usw. Und auf dem Bogen machte er lauter Striche, je nachdem, was Mosche zur Antwort gab. Dann endlich faltete der Zähler den Bogen zusammen und steckte ihn wieder weg. »Wozu um alles in der Welt muß der König das alles wissen?« erkundigte Mosche sich vorsichtig, und der Fremde murmelte so etwas wie Planung, Steuern, Heeresreform und verabschiedete sich dann schnell, denn so genau konnte er diese Frage auch nicht beantworten. »Zehn Minuten«, sagte er noch im Gehen, »zehn Minuten hätte die Befragung höchstens dauern sollen, und bei Dir habe ich jetzt fast eine halbe Stunde gebraucht. Trotzdem: der Herr segne Dich, Schalom!« »Friede auch mit Dir«, antwortete Mosche und schloß die Tür hinter dem Fremden. Und dann nahm er sich für diesen Abend etwas ganz Außergewöhnliches vor: heute abend würde er ins Teehaus gehen, zu den anderen Männern. Und dort würde er dann seinem Herzen Luft machen und jedem würde er erzählen, was er von dieser Volkszählung hielt – er, Mosche ben Esra vom Stamm Ephraim.

Soweit die Geschichte, die ich Ihnen erzählen wollte heute morgen. Und denken Sie nur nicht, ich hätte da ein Märchen erfunden, und das Ganze habe mit der Bibel gar nichts zu tun. Sie können diese Geschichte nachlesen im

Ersten Buch der Chronik. Nur wollte ich Ihnen diese Geschichte lieber selbst erzählen, denn der biblische Chronist ist in dieser Sache nicht ganz objektiv – vorsichtig ausgedrückt. Um es genauer zu sagen: er ist ein ganz entschiedener Gegner der Volkszählung. Und er ist reichlich polemisch. Er geht sogar so weit, daß er *seine* Erzählung von dieser Begebenheit folgendermaßen beginnen läßt: »Und der Satan stellte sich gegen Israel und reizte David, daß er Israel zählen ließe.« Reichlich gewagt, den Volkszählungsbeschluß des Königs gleich mit dem Satan in Verbindung zu bringen! Und dabei hat er gar nichts gegen David. Im Gegenteil: er hält ihn für einen heiligen Mann, König und Priester in einer Person, von Gott und den Menschen geliebt.

Aber dieser Volkszählungsbeschluß sei, so berichtet der Chronist weiter, ein sehr einsamer Beschluß des Königs gewesen, und es sei nur ein frommes Märchen, wenn erzählt wird, seine Ratgeber hätten diese Entscheidung mitgetragen. Das Gegenteil sei der Fall gewesen: die Ältesten hätten den König eindringlich gewarnt, diese Zählung durchzuführen. Joab etwa, der Verteidigungsminister, habe David versichert, alle Israeliten seien ohnehin treue Untertanen und liebten den König über alles. Warum also David nun seinem Image unbedingt durch eine solche Demonstration staatlicher Macht schaden wolle? Und warum, so soll Joab wörtlich gefragt haben, warum solle eine so große Schuld auf Israel kommen? Habe denn nicht Gott, der Herr, das Volk Israel bisher auch ohne Volkszählung geführt und bewahrt? Warum also versuche der König jetzt auf eigene Faust seine Macht zu festigen?

David aber habe die Fragen seines Verteidigungsministers nicht weiter beachtet, so verliebt sei er in seine Idee gewesen. Und mit keinem Gedanken habe er, der König und Priester, darüber nachgedacht, daß schon im Gesetz des Mose die Zählung des Volkes eine schwere Schuld vor dem Herrn bedeutet. Er sei sich gar nicht darüber im klaren gewesen, daß er als Herrscher eine solche Entscheidung auch vor Gott zu verantworten hat. Alle Warnungen habe er in den Wind geschlagen und die Zählung mit königlicher Macht einfach durchgesetzt. Gottvertrauen reiche nicht zum Regieren, da brauche man verläßliche Zahlen.

Als die Zählung nach 9 Monaten und 20 Tagen endlich abgeschlossen gewesen sei, habe sich allerdings herausgestellt, daß man verläßliche Zahlen noch immer nicht gewonnen hatte, weiß der Chronist zu berichten. Der Stamm Benjamin habe bekanntlich die Volkszählung boykottiert, und den Stamm der Leviten habe man erst gar nicht berücksichtigt, da er militärisch wegen seiner priesterlichen Verpflichtungen ohnehin bedeutungslos gewesen sei. Der ganze Aufwand sei also – genaugenommen – für die Katz' gewesen.

Und erst dann, erst als die Volkszählung sich als Flop erwiesen habe, sei David zur Besinnung gekommen und habe seinen Entschluß bitter bereut. Und der Chronist überliefert das Gebet, das David nach der mißglückten Zählung gesprochen haben soll: »Ich habe schwer gesündigt, daß ich das getan habe«, so soll er gesagt haben, »und nun, Herr, nimm weg die Schuld deines Knechtes; denn ich habe sehr töricht getan.« Aber Gott habe David nicht straffrei ausgehen lassen: 70000 Männer seien an der Pest gestorben – Gottes Strafe für die Eigenmächtigkeit des Königs. Und der Chronist fügt hinzu, es sei nur der Barmherzigkeit des Herrn zu danken gewesen, daß nicht das ganze Volk von der Krankheit ausgerottet worden sei. Und David habe wirklich mit gutem Grund ein schlechtes Gewissen gehabt.

Ich sagte es ja schon: der Chronist ist nicht sonderlich objektiv. Nicht nur, daß er die ganze Angelegenheit mit dem Satan in Verbindung bringt – dann behauptet er auch noch, eine zufällig im Lande wütende Pest sei die Strafe Gottes gewesen. Er ist halt ein Gegner der Volkszählung – und er hat obendrein eine Menge verrückter Ideen. So meint er zum Beispiel, alles sei an Gottes Macht gelegen, und menschliche Macht sei nur von Gott geliehen; er halte die Staaten und die Staatsmänner in seinen Händen, er allein bestimme über ihr Wohl. Und deshalb, meint er, hätten die Staatsmänner ihre Entscheidungen nicht nur vor sich selbst, sondern zuerst und vor allem vor dem Herrn zu verantworten. Und Gott, der Herr, ließe es den Mächtigen niemals durchgehen, wenn sie versuchen, ihre Macht zu erhalten an den Geboten Gottes vorbei. Denn nicht nur im Tempel, sondern auch in der Politik gelte das Gesetz Gottes, das da lautet: *Ich bin der Herr, dein Gott. Ich* führe dich, *ich* erhalte dich, auf *mich* sollst du vertrauen. Du sollst keine anderen Götter haben neben mir. Und menschliche Gesetze hätten nur so lange eine Berechtigung, wie sie nicht dem Gesetz Gottes widersprächen.

Na, wie gesagt: eine ganze Menge verrückter Ideen. Aber wir müssen dem Chronisten diese Verrücktheiten nachsehen: er weiß es nicht besser, der Chronist ist Theologe. Und Theologen haben eben manchmal etwas seltsame Vorstellungen. Glücklicherweise sind *wir* aufgeklärte Menschen. Glücklicherweise wissen wir, daß Religion und Politik rein gar nichts miteinander zu tun haben, und daß es ein großer Fehler ist, beides zu vermischen. Glücklicherweise wissen wir, daß die Politik ihre eigenen Gesetze hat, und daß es Gott ganz fern liegt, Bußgeldbescheide für die Durchführung von Volkszählungen auszustellen. Und deshalb können wir solche Zählungen mit einem ganz ruhigen Gewissen durchführen ... Oder nicht?

Das Lied von der Gottesfreude

Reiner Strunk   **Matthäus 6,25-34**

Auf ihrer Wanderung durch die Welt hatte die Große Sorge sich niederge-
lassen am Wegrand. Ihr Atem ging schwer, und ihr Antlitz blickte kummervoll,
und sie dachte:
Ich darf nicht rasten am Wege, sonst richte ich zu wenig aus.
Auf einem Zweig des Busches, unter dem die Große Sorge Platz genommen
hatte, saß eine kleine Schwalbe und putzte sich ihr Gefieder. Erst hatte sie
gar nicht achtgegeben auf die müde Wanderin, aber als die Große Sorge nicht
enden wollte mit Seufzen, flog die Schwalbe an ihre Seite, hob ihr munteres
Köpfchen und sagte: »Einen guten Tag auch, Herrin!« »Es gibt keinen guten
Tag«, antwortete die Große Sorge und seufzte tief, daß ihr Körper zu beben
schien. »Alle Tage beginnen mit Licht, aber sie enden mit der Nacht«, fuhr
die Sorge fort und hüllte sich in ihren nebelgrauen Umhang, als ob sie friere.
Auch der kleinen Schwalbe war es auf einmal, als dringe ein frostiger Schauer
durch ihr Gefieder und ergieße sich in ihr kleines Herz.
»Es ist doch Sommer«, dachte die Schwalbe, »kaum daß die Tage kürzer werden, und meine Freunde haben noch nicht angefangen, sich zu sammeln für
den weiten Weg nach Afrika. Warum fröstelt mich also?«
Die Große Sorge schaute traurig, und es schien, als habe sie die Gedanken
des kleinen Vogels erraten, denn sie seufzte wieder und sagte: »Kein Sommer
ist ohne Ende, mein ahnungsloser Freund! Der Sommer muß weichen, wenn
der Winter aufzieht von den Bergen her. Und der Winter ist hart und kennt
kein Erbarmen, und in seinem Gepäck sind Hunger und Kälte und Tod.«
Sie machte eine kurze Pause, um die Wirkung ihrer Worte zu prüfen, dann
holte sie Atem und sagte: »Es wäre klug, sich ordentlich vorzubereiten auf
die Nacht und auf den Winter, auf die Kälte und auf den drohenden Hunger.
Denn es ist bitter, auf einmal allein zu sein, kleiner Vogel; allein mit dem Frost
und mit den bösen, furchtbaren Mächten der Nacht und mit dem Tod!«
Die Schwalbe empfand eine große Lust, davonzufliegen und alles zu vergessen, was sie eben gehört hatte. Aber es war wie eine geheimnisvolle Kraft,
die von der Gestalt am Wegrand ausging und sie auf der Stelle festhielt.
»Wer bist du?« fragte die kleine Schwalbe deshalb, und ihre Stimme klang
ganz zaghaft und leise. »Ich bin die Große Sorge«, erhielt sie zur Antwort, »ich
bin uralt und ewig jung, und meine Heimat – ist überall.«
»Aber es ist seltsam«, flüsterte die Schwalbe, »es friert mich in deiner Nähe,
obwohl Sommer ist. Geht das anderen nicht ebenso?« »Ich denke doch«, erwiderte die Große Sorge. »Aber es ändert nichts daran, daß ich überall zu Hause

bin. Man gewährt mir Heimatrecht, wo ich es verlange, verstehst du? Bei den Menschen am meisten. Ich liebe die Menschen. Am liebsten niste ich mich ein bei ihnen, denn sie sind treu und halten an mir fest, wenn sie mich einmal empfangen haben. Wie an einem kostbaren Schatz halten sie fest an mir« – die Große Sorge lächelte eigenartig, als sie das sagte – »sie behalten mich wie einen Schatz, und ich kann mich ausbreiten in ihnen, verstehst du, mich dehnen und strecken in ihnen und langsam, langsam verzehren, was in ihnen ist: das Gute und das Beste.«

»Was ist das Gute und das Beste in ihnen, das du aufzehren willst?« fragte die kleine Schwalbe aufgeregt. Das Antlitz der großen Sorge verdunkelte sich, so daß es noch grauer aussah als der Nebel im November, dann hauchte sie: »Das Gute in den Menschen – das ist ihr Leben. Und das Beste in den Menschen; auch in den Tieren, den Vögeln, auch in den Bäumen und Büschen und Blumen; das Beste in ihnen: das ist – ihre Gottesfreude!«

Die kleine Schwalbe erschrak, denn plötzlich wurde ihr bewußt, weshalb die Gegenwart der Großen Sorge ihr Herz so schwer gemacht hatte. Es war, weil alles im Wesen dieser Sorge danach verlangte, die Gottesfreude in den Geschöpfen aufzuzehren. Die kleine Schwalbe sah die graue gebeugte Gestalt am Wegrand mit ihrem mächtigen Umhang, der wie aus Herbstnebeln gewebt war, und sie sah das traurige Gesicht, zerfurcht von tiefen Sorgenfalten und ohne einen Schimmer von Gottesfreude darin – und bei allem Grauen, das sie erfüllte, spürte sie doch auch eine Regung von Mitleid in ihrer kleinen Brust. »Verzeih«, sagte die kleine Schwalbe, »aber ich muß jetzt rasch fort. Ich muß fliegen. Adieu!« Und sie sprang mit einem Satz empor, flatterte mit den Flügeln und schwang sich hinauf über den Busch, über die Bäume, und sie war schon weit fort, als sie die Große Sorge rufen hörte: »Gib acht, kleiner Vogel, wer mich einmal gesehen, der begegnet mir wieder, immer und immerfort wieder ...«

Aber die Schwalbe achtete nicht mehr darauf. Sie stieg und stieg mit heftigem Flügelschlag, und je höher sie stieg, desto leichter wurde ihr, und allmählich fiel die Begegnung mit der Großen Sorge ab von ihr wie Regentropfen vom Federkleide abfallen in der Sonne. Und gleichzeitig blühte ein fröhlicher Gesang auf in ihr, und sie fing an zu zwitschern, über die Felder hinweg, die zur Ernte reiften, und hinauf in den Himmel, der still und freundlich ihrem Lied zu lauschen schien. Ja, Gottesfreude, dachte die kleine Schwalbe, sie ist wirklich das Schönste und Beste, was in den Geschöpfen lebt. –

Wochen waren verstrichen seither, und die Große Sorge war nicht wieder erschienen. Die kleine Schwalbe hatte ihr merkwürdiges Erlebnis beinahe vergessen. Die Tage waren heiter, die Nächte unbekümmert dahin gegangen, es hatte Nahrung gegeben und ein behagliches Nest und Freunde und eine helle, warme Sonne am Himmel.

Aber mit der Zeit war die kleine Schwalbe von einer Unruhe ergriffen worden, das war die Unruhe vor der weiten Reise in den Süden. Die Weggefährten fingen an, sich zu sammeln, und es konnte nur noch wenige Tage dauern bis zum Abflug – da geschah das Unglück: Die kleine Schwalbe war in einem dornigen Zaundraht hängen geblieben und hatte sich einen Flügel verletzt. Der Schmerz war erträglich, sie konnte auch ein wenig fliegen, aber nicht weit, niemals weit über das Gebirge und übers Meer. Und so hatte die kleine Schwalbe zusehen müssen, wie ihre Freunde die weite Reise antraten nach Afrika – ohne sie.

Jetzt saß sie auf dem First einer Scheune und merkte, daß ihr kleiner Leib zitterte. Das farbige Laub der Bäume war abgefallen, und morgens bedeckte weißer Reif die Wiesen und Felder. Die kleine Schwalbe hatte bereits Erfahrungen gemacht mit dem quälenden Druck des Hungers und mit dem Biß der Kälte, und die heiteren Lieder wollten nicht mehr aufsteigen in ihrer Kehle. Sie fühlte sich hilflos und traurig. Da bemerkte die kleine Schwalbe an einem Fenster des gegenüberliegenden Hauses ein Gesicht. Es war das Gesicht eines Menschenkindes, und es war so ernst, als habe es niemals zu lachen vermocht. Seine Augen aber waren fest auf den kleinen Vogel gerichtet, der empfand es deutlich. Der Mundhauch des Kindes bildete kleine beschlagene Kreise auf dem Fensterglas, die wuchsen und schwanden, denn das Kind bewegte sich nicht von der Stelle. Nach einer Weile dachte die Schwalbe: Ich will mir das Kind ein wenig näher ansehen, das mich so gar nicht aus den Augen läßt. Und sie flog über die Straße und setzte sich auf den Staketenzaun des Vorgartens, gleich vor dem Fenster des Kindes. Da erschrak die kleine Schwalbe furchtbar, denn erst jetzt entdeckte sie, wie auf dem Fensterbrett neben dem Kind eine große graue Gestalt hockte, mit einem weiten Umhang gewebt wie aus Novembernebeln.

»Also du bist wieder da!« rief die kleine Schwalbe. »Was willst du? Und was machst du hier?«

»Ich warte«, sagte die Große Sorge. »Ich wirke, und ich warte bis zum Ende.«

»Du bist grausam«, rief die kleine Schwalbe, die plötzlich keinen Hunger und keine Kälte mehr empfand und nur immer in das ernste, reglose Gesicht des Kindes blicken mußte, das am Fenster stand. »Vielleicht bin ich grausam«, murmelte die Große Sorge, »aber so ist das Leben. Sieh her, dieses Kind ist krank. Es kann nicht reden, und es kann nicht laufen. Es hat keine Kraft des Verstandes und keine Kraft in den Gliedern. Es weiß nichts und tut nichts. Es lacht nicht, und es weint auch nicht. Die Eltern stellen es manchmal ans Fenster, einfach so. Und ich« – die Große Sorge machte eine bedeutungsvolle Pause – »und ich bin sehr nahe bei ihnen!«

Die kleine Schwalbe war ganz starr nach der Rede der Großen Sorge und meinte, es ginge ein schwerer, undurchdringlicher Nebel aus von der grauen Gestalt, der sie einhüllen und ersticken wollte. Aber dann schaute sie wieder in die Augen des Kindes, große Augen, die staunten, aber nicht begriffen, und die auf etwas zu warten schienen, das sie nicht kannten. Da fühlte die kleine Schwalbe, wie auf einmal etwas aufzublühen begann in ihr, irgendwie farbig und tönend in ihrem Herzen, wie eine Blume und wie ein Gesang, und ehe ihr klar wurde, was geschah, quoll ein Zwitschern aus ihrer Kehle wie am strahlendsten Sommertage. Sie achtete nicht auf den kalten Wind, der nach ihr griff, sie fühlte vielmehr, wie ihr Lied sie erwärmte, je länger sie sang, und ihr Lied stieg auf in einen verhangenen Himmel und drang durch die Fensterscheiben zu den Ohren des Kindes.

Als die kleine Schwalbe, in ihrem Eifer ein wenig innehaltend, in das Fenster hineinschaute, vor dem sie sang, konnte sie die Gestalt der Großen Sorge nicht mehr erkennen. Sie war fort. Nur das Kind stand an seinem Platz wie zuvor, mit großen staunenden Augen, den Mund dicht an die Scheibe gepreßt. Aber diese Augen leuchteten jetzt, und der Mund lachte, und das ganze Gesicht war wie verwandelt. Mit den kleinen Händen trommelte es aufs Fensterbrett, als wolle es den Vogel auffordern fortzufahren mit seinem Lied: Mehr Lieder, mehr davon! schien das Kind zu rufen; mehr von deiner Gottesfreude, kleiner Vogel, denn sie schwingt herüber zu mir und füllt mir mein Herz, das ganz leer war und tot.

Da begann die kleine Schwalbe aufs neue zu singen, schöner und kräftiger, als sie's den Sommer lang getan hatte. Sie sang von den Wäldern und vom Schaukeln im Wind und vom Schlaf der Unbekümmertheit in einer warmen Nacht. Und als sie so sang, merkte sie gar nicht, wie die Zeit verging. Sie fühlte den Abend nicht kommen und auch nicht den ersten Schnee, den er herbeitrug. Sie fühlte auch nicht, daß ihre Kräfte nachließen, weil der Gesang sie anstrengte und weil sie hungrig war. Sie sah nur das Kind, mit seinem neuen Gesicht, das vor Freude glänzte; dann auch die Eltern, die auf einmal dabeistanden, lächelnd und schweigsam, und sie sang weiter und sang und wußte, daß sie glücklich war an diesem frühen Winterabend, fern von der Großen Sorge und voll von einer wunderbaren Gottesfreude.

Die ganze Nacht hindurch sang die kleine Schwalbe, und als der Morgen dämmerte, fiel sie vom Staketenzaun herab in den ersten weißen Schnee. Das Kind war längst in sein Bett gelegt worden und schlief darin mit seinem neuen, lächelnden Gesicht.

Da sandte der Schöpfer seinen Engel auf die Erde und gebot ihm, die kleine Schwalbe zu bergen aus dem Schnee und sie sogleich in die Gärten des Himmels zu tragen. Dort dürfte sie leben und singen alle Tage, sich selber und allen zur Freude, die sie hören könnten.

Wege von oben nach unten

Arno Schmitt   **Matthäus 17,1-9**

Petrus und Jakobus und Johannes, liebe Gemeinde. Die Weggefährten der
allerersten Stunde, mit dem Nazarener vertraut wie kaum jemand anders damals aus dem Kreis der Freunde. »Die drei Säulen«, wie sie genannt wurden
in der Urgemeinde da und dort.
Petrus und Jakobus und Johannes. Einfache Leute, von Anfang an. Fischer,
Tuchmacher, Schreiner. Der eine oder andere vielleicht mit einem kleinen Akker ausgestattet oder einer kleinen Herde, mag sein: man weiß nicht viel darüber, die Berichte sind spärlich. Einfache Leute wie die meisten damals, zu
Beginn unserer Zeitrechnung. Tageintagaus damit beschäftigt, über die Run-
den zu kommen: zufrieden schon damit, wenn ihnen die Gegenwart nicht noch
mühsamer kam als das, was sie die ganze Zeit über zu leben hatten. Und
auch an ihre Zukunft mochten sie nicht allzu rosige Erwartungen verschwen-
den: umso leichter würde es sein, sich vor Enttäuschungen zu bewahren. Sie
kannten das Leben.
Als er sie ansprach, damals, am Ufer des Sees, oben in Kapernaum: wie aus
einer anderen Welt erschien er ihnen. Als hätten sie *geträumt*. Sie waren gerade dabei, den Morgenfang zu bergen. Groß war er nicht, aber er würde reichen für den Tag und für die Familie. Einer von ihnen war mit dem Netz beschäftigt; schlimm sah es aus, doch am Abend mußte es flott sein, denn dann
mußten sie wieder hinaus aufs Wasser, neuem Glück entgegen. Und in eben-
diesem Augenblick: *er*, der Fremde. Noch nie in ihrem Leben hatten sie einen
kennengelernt, der vom Handwerk weniger verstand. Und doch: sie *folgten*
ihm, stiegen ins Boot, stießen ab vom Land, warfen ihre Netze aus, taten's
ganz gegen alle Kunst und Erfahrung – am hellichten Tag. Und als sie beihol-
ten, mein Gott, da hatten sie den Fang ihres Lebens gemacht!
Und der Fremde? Sie sollten das als *Zeichen* verstehen, so seine Rede. Daß
es unterwegs sei, das »Gottesreich«. Daß es nicht mehr lange dauern würde,
und es da sei – mit Händen zu greifen, mit allen Sinnen zu schmecken. Leben
»die Fülle« würde dann da sein, die Blinden würden sehen, die Tauben hören,
die Tränen der Traurigen und Gekränkten sich in das Lachen der Getrösteten
und Zu-Recht-Gekommenen verwandeln, die Wüste also wieder zu einem
Ort des Lebens werden. Und sie und noch andere sollten Gott dabei helfen.
Jetzt gleich. Wie sie seien. Zusammen mit ihm. *Jesus*, so sein Name, und
Maria, wen's interessiere, seine Mutter und Joseph, der alte Zimmerer, sein
Vater.
Nein, sie wußten nicht, wie ihnen geschah. In der Tat. Wußten nicht, was halten

von solcherlei Tönen. Begriffen erst ganz allmählich. Doch dann ... dann war etwas aufgegangen in ihnen, was ihnen Beine machte, sie fortnahm von den »alten Ufern« und sie nach *neuen* Ausschau halten ließ. Und egal war ihnen jetzt überhaupt nichts mehr. Und auch ihr Leben war von Stund' an nicht mehr nur dieses »Jenseits« und dieses »Ganz dort hinten am anderen Ende« vor allem, sondern wurde ihnen faßbar, konkret, kam ganz nahe auf sie zu, als eine Möglichkeit, nicht mehr nur als eine Utopie oder Fata Morgana. Und so ließen sie alles liegen und stehen und gingen *mit* ihm.

Nun – wo Menschen zu *leben* beginnen, nicht wahr: da füllen sich die Augenblicke zu halben Ewigkeiten, und die Jahre vergehen, als sei's erst gestern gewesen. Wie lange sie also mit Jesus schon unterwegs waren, sie wußten es nicht. Nie jedenfalls hatten sie *mehr* erlebt in ihrem Leben. Nie das Leben intensiver. Nie etwas, was dem Leben gründlicher an die Fassaden ging und tiefer zu den Wurzeln wollte als in der Begleitung mit ihm, dem »Menschensohn« (wie sie ihn nannten). Als ob ein Stück seines Lebens auf das *ihre* übergegangen sei! Und eines Tages kamen sie an einen Berg mit ihm, und Jesus führte sie hinauf, Petrus und Jakobus und Johannes, diese drei; die anderen sollten warten. Und sie machten dort droben eine Entdeckung, die sie ihr ganzes Leben nicht mehr vergaßen. Hören und Sehen waren ihnen vergangen ..., nein, nicht eigentlich vergangen, sondern überhaupt erst *geworden*.

Laßt mich vor dem Anstieg, liebe Gemeinde, noch einen Moment verschnaufen. Leicht hatte er es ihnen ja nie gemacht. Wohin sie kamen, was immer er tat, ansprach, anpackte: selten, daß da etwas nach Plan ging. Das mit dem Ährenpflücken am *Sabbat*, nun ja, das mochte ja noch angehen ... Da wanderten sie durch die Dörfer und Landschaften mit ihm und da war der Hunger schon einmal groß – und da konnte es schon einmal sein, daß sie auch am Feiertag die Körner von den Halmen nahmen dort am Weg. Schlimm dann die Empörung der Frommen! Doch er: Was ist das für eine Frömmigkeit, was für ein Gott, der eifersüchtig über Paragraphen wacht und über Konventionen und *Menschen* derweil *hungern* läßt. Nein, der Sabbat ist für den Menschen da, »nicht der Mensch für den Sabbat«. Ein Ärgernis natürlich auch dies: Danach gefragt, wann es denn soweit sei mit dem Gottesreich – und seine Antwort die war, das sei wie bei dem Hirten, der gemerkt hat, daß *eines* seiner Tiere verloren gegangen sei, und also die 99 zurückläßt und nicht eher zu suchen aufhört, bis er das *eine*, das sich selbst nicht helfen hätte können, gefunden hat. Und überhaupt, so seine Rede immer wieder: Zu den *Kranken* sei er gesandt, sie bräuchten den Arzt, nicht die anderen. Zu den Armen sei er unterwegs, zu den »Mühseligen und Beladenen«. Sie mochten da noch so sehr in ihn dringen, endlich weiterzugehen ... er blieb dabei.

Der Aufstieg war mühsam. Doch jetzt waren sie *droben*, endlich angekommen auf dem Berg. Sie und ER und keiner sonst. Die exquisite Seilschaft – endlich *oben* am Gipfelkreuz, endlich am Ziel ihrer Wünsche, allem endlich entnommen, was ihnen die Zeit über wer weiß wieviel Mühe und Sorge, Verdruß und Entbehrung bereitet hat dort *drunten*. Und in Ihrer Ankunftsfreude, im Wohlgefühl jener herrlich freien Aussicht von ganz dort *droben* nach ganz dort *drunten* war ihnen, als sähen sie den, der sie da hinaufbrachte, jetzt in einem noch einmal ganz anderen Licht, einem noch viel helleren, einem noch viel triumphaleren, einem unbeschreiblich schönen. Sie hatten so etwas noch nie erlebt ... Und daß ihnen war, als sähen sie mit IHM auch Mose und Elia, die »Propheten der neuen Zeit«: das war ihnen Erfahrung und Bestätigung dieses ganz besonderen Augenblicks zusätzlich. Hütten wollten sie ihnen bauen. O ja, alles sollte so bleiben. Sie wollten ihn zum Stehen bringen, ihn »verewigen«, den Augenblick, den ach so schönen. Wollten sich ausstrecken, sich einrichten in ihrer so privilegierten Situation. Wollten zu Hause sein endlich nach so langer Wanderschaft. »Dies ist mein lieber Sohn, an dem ich Wohlgefallen habe ...«, hörten sie sagen. O ja, sie glaubten's, wußten's, schätzten's, genossen's – und wünschten sich nur dies in ihrem Leben: IHN bei *sich* zu wissen und sich bei *IHM*. In nichts und keinem auf der Welt sei Gott *näher* als in IHM.

Doch der, den sie dort *droben* in einem noch nie erlebten Licht sahen, ihn hören wollten, ihm nahe sein, ihm *allein* (daß Mose und Elia nicht mehr zu sehen waren auf einmal, es fiel ihnen gar nicht sonderlich auf): der rührte sie an, wohl zweimal und dreimal, vielleicht noch länger, denn sie waren wie benommen – und sagte zu ihnen: Petrus, Jakobus, Johannes! Kommt, steht auf, stützt euch aufeinander – und folgt mir! Faßt euch – und geht mit mir *hinunter*! Zu den anderen, sie warten auf uns! Ihr wißt doch (oder habt ihr die ganze Zeit nicht begriffen?) – Gottes Wege, das sind nicht die aus den Tälern in die Höhen, das sind nicht die aus den Hütten in die Salons, nicht die aus der Gnadenlosigkeit und Ungerechtigkeit in die Entrückung und die *Abgehobenheit*. Gottes Wege, das sind Wege in die gerade umgekehrte Richtung. Das sind Aufbrüche. Das sind Abstiege. Das sind Distanzüberwindungen. Das sind Brückenschläge und Tischbereitungen. Und kommod und komfortabel geht es dort in der Regel gar nicht zu. »Er wird ein Knecht und ich ein Herr ...« Das ist der Wechsel, an dem Gott liegt. Da ist am Anfang der Stall und am Ende der Galgen und dazwischen – die *Liebe*. Also, Freunde, steht auf, geht euren Weg und fürchtet euch nicht!

Damit, liebe Gemeinde, endet die Geschichte. Wieviel Überwindung es bedurft hat, sich zu lösen aus der Sehnsucht nach der »Hütte über den Wolken« ... und auch das: wieviel Überwindung es kostet, sich von neuem aufzumachen (wieder und wieder womöglich) und nicht einfach nur weiterzumachen: ich weiß es nicht. Weiß es nicht für alle. Weiß es nur für *mich*. Und da weiß ich, daß Gott noch eine Menge Arbeit hat »mit meinen Sünden«. Und ich danke ihm, daß er an mir noch immer nicht die Lust verloren hat, mich einfach nicht in Ruhe läßt, sondern mich anrührt, mich ruft, mich rüttelt (wenn es denn sein

muß), mich also *brauchen* will für seine Sache. Mich brauchen will, »Salz«
zu sein, ganz kleine Menge nur, doch Essenz genug, dieses Leben, das er
so liebt, vor Fadheit und Ungenießbarkeit zu bewahren.

Vertrauen wagen

Helmut Gröpler   **Markus 12,41-44**

Ich stelle mir einen Menschen vor, der damals dabei war im Tempel und die
Geschichte vom Scherflein der Witwe miterlebt hat. Ich stelle mir einen Leviten
vor, einen Tempeldiener. Ich möchte ihm einen Namen geben und nenne ihn
Elnathan. Er wird jetzt zu uns sprechen. Prüfen Sie bitte, ob die Geschichte,
die er erzählt, erfunden ist oder wahr.
Heute habe ich ihn wieder im Tempel gesehen. Drei Tage schon war er hier.
Ich habe ihm auch zugehört. Was der so sagt – das hört sich alles so anders
an, doch (ich will ehrlich sein) seine Worte erreichen mich. Wenn er vom Leben redet und von Gott – ich könnte ihm immer noch weiter zuhören. Das
alles geht mir nach.
Nur gestern hab' ich ihn nicht verstanden. Da hat er die Tische der Geldwechs-
ler und die Stände der Taubenhändler in unserem Tempel umgestoßen und
gerufen: Ist das eine Räuberhöhle oder ein Bethaus? Niemand war dagegen
eingeschritten. Nur ein paar Priester haben gefragt: Wer bist du denn, daß
du so auftrittst? Hast du einen Auftrag und von wem? Weise dich aus! Jesus
müßte doch wissen, daß wir die schönen Gottesdienste des Herrn feiern, und
daß daran Menschen aus vielen anderen Ländern teilnehmen. Sie möchten
doch ihr Geld umwechseln, um sich Opfertiere kaufen zu können. – Mir sind
unsere Gottesdienste wichtig, für den Tempelgesang bin ich mit verantwort-
lich – viele Jahre schon. In einem unserer Lieder heißt es sehr schön: ›Eines
bitte ich vom Herrn, das hätte ich gerne: daß ich im Hause des Herrn bleiben
könne mein Leben lang, zu schauen die schönen Gottesdienste des Herrn
und seinen Tempel zu betrachten.‹ (Ps 27,4)
Wie gesagt, heute war dieser Jesus wieder hier. Ich hatte gerade das Pflaster
des Frauenvorhofs gefegt, was zu meinen täglichen Aufgaben gehört. Nun
mußte ich nur noch beim Zählen des Geldes helfen. Das ist immer ein schönes Stück Arbeit, die 13 Opferstöcke zu leeren, die Münzen zu sortieren und
abzurechnen. Aber noch kamen Besucher. Gerade wurde wieder die Posaune
geblasen: Ein Reicher hatte offenbar einen ansehnlichen Betrag gespendet.
Da sah ich Jesus gegenüber dem Gotteskasten sitzen. Er beobachtete die

Menschen, wie sie ihr Geld spendeten. Gewiß, wir brauchen es, um den Tempelbetrieb aufrechtzuerhalten. Aber ein wenig hab' ich mich schon gewundert, daß Jesus zuschaut, was jeder so gibt. Ich kann's immer noch nicht verstehen. Und dann kam die Witwe, die regelmäßig zu uns heraufkommt. Ich erkannte sie sofort an dem dunklen Gewand aus grobem Stoff. Ihr Gesicht war heute sehr ernst, aber ihre Augen schauten fröhlich drein. Es müssen kleine Bronzemünzen gewesen sein, die sie in den Gotteskasten warf, ich hörte es am Klang. Unsereiner kennt sich da aus nach all den Jahren. Die Posaune erscholl diesmal nicht. Wie sollte sie auch, der Tempel lebt ja von den großen Gaben.

Und Jesus schaute zu. Er fragte sie nicht einmal, ob sie sich das leisten könne, auch nicht, wie sie klarkomme mit ihrem Lebensunterhalt. Kein Wort hat er gesprochen, doch er hat ihr freundlich zugenickt.

Ich hätte diese Witwe bestimmt gleich wieder vergessen, wenn nicht Matthäus, mein Kollege, wenig später beim Geldzählen zwei Lepta hochgehalten und zu mir gesagt hätte: »Nun sieh dir das an, Elnathan, so weit sind wir gekommen in unserem Tempel: Jetzt werden schon die kleinsten Münzen geopfert, die es auf der Welt gibt. Das war diese Witwe vorhin! Sie habe nicht mehr, gestand sie mir, als ich sie daraufhin ansprach. Es sei ihr letztes Geld. Zwei Lepta für unseren Tempel! Das hat's noch nicht gegeben!«

»Weißt du, Matthäus«, hielt ich dagegen, »ich finde, das ist nicht wenig. Irgendwo habe ich den Satz einmal gehört: Das wenige, das du tun kannst, ist viel. Und kennst du nicht unsere Überlieferung? Kennst du nicht die Geschichte von der armen Witwe, die eine Handvoll Mehl als Opfergabe brachte? Der Priester, der das dürftige Opfer als Beleidigung Gottes zurückweisen wollte, erfuhr im Traum: Verachte die geringe Gabe der Witwe nicht, denn sie ist wie eine, die ihr ganzes Leben dargebracht hat. Sagt dir diese Geschichte nichts? – Darf ich dich etwas bitten, Matthäus? Kannst du jetzt allein weitermachen? Ich habe heute abend noch etwas ganz Wichtiges vor.«

Mir ließ diese Frau keine Ruhe. Was sollte nun aus ihr werden? Ich hatte sie bisher nie bei unserer Armenspeisung gesehen. Vielleicht brauchte sie dringend Hilfe. War sie mir nicht eine von den Nächsten geworden, von denen Jesus erst heute gesprochen hatte? Doch wo sollte ich sie in der Stadt suchen? Ich müßte es wenigstens versuchen.

Unterwegs traf ich Thomas, einen der Jünger Jesu, den ich kannte. Von ihm erfuhr ich, daß sie gerade eben erst im Mitarbeiterkreis über die Witwe gesprochen hatten. Thomas sagte: »Als ich unseren Herrn heute abend gegenüber dem Opferstock sitzen sah, fand ich, er sah aus wie der Weltenrichter auf seinem Thron. Ja, er durchschaut die Menschen. Er weiß, wer sie sind und was sie haben. Und er wägt ihr Tun. Vor ihm ist wenig nicht wenig, und viel nicht viel. Er hat andere Maßstäbe. Wäre es nach ihm gegangen, so wäre bei dieser Witwe die Tempeltrompete geblasen worden. – Stell dir bitte vor,

Elnathan, sie hat buchstäblich ihr Letztes gegeben. Verstehst du, alles, was sie hatte, hat sie geopfert. So viel ist Gott ihr wert und eure Gottesdienste im Tempel.«

»Aber was wird nun aus ihr?« entgegnete ich. »Was wird sie morgen essen? Wie kommt sie in Zukunft mit dem Leben zurecht? Habt ihr euch darüber Gedanken gemacht, Thomas?«

»Gott wird ihr eine neue Zukunft schenken. Er hilft, wie er geholfen. Unser Herr hat gesagt, sie ist inmitten ihrer Armut reich geworden. Sie hat ihr Leben auf eine neue Grundlage gestellt. Sie wird mit ihrem Glauben gute neue Erfahrungen machen, ganz gewiß!

Und noch eins, Elnathan, unser Herr hat auch von sich gesprochen. Er müsse nun hinein ins Leiden, hat er gesagt. So wie jene Witwe mit ihrer ganzen Habe Gott ihr Leben geopfert hat, so müsse er sein Leben nun hingeben. So wie die Witwe nicht gefragt habe, was nun aus ihr werde, so würde ER sein Schicksal in die Hände des Vaters legen. Uns beunruhigen diese Worte, kannst du das verstehen, Elnathan?«

»Jesus hat sich zu viele Feinde geschaffen«, antwortete ich, »was er gestern und vorgestern in unserem Tempel getan und gesagt hat, hat sicher neue Feinde auf den Plan gerufen. Er sollte etwas vorsichtiger sein, sonst stürzt er euch alle noch ins Verderben. Das wäre schade, manches aus seinem Munde hat auch mich angerührt.

Aber nun muß ich weiter. Ich möchte die Witwe aufsuchen und sie zu unserer Armenspeisung einladen. Mir läßt das keine Ruhe. Weißt du, wo sie wohnt?«

Thomas verneinte. Doch da fiel ihm ein, daß er ihr schon einmal unten in der Töpfergasse in der Nähe des Schäfertors begegnet sei. Ihren Namen kenne er leider nicht.

So machte ich mich auf den Weg in Richtung Töpfergasse. Schon ging die Sonne unter. Ich mußte mich beeilen. Ich fragte mich durch – und tatsächlich, da saß sie vor ihrem Haus. Ihre freundlichen Augen leuchteten mir entgegen. Als ich sie grüßte, stand sie auf und bedeutete mir, sie wolle gerade hineingehen, es sei Schlafenszeit. Ich erklärte ihr den Grund meines Kommens. Da bat sie mich, mit hineinzugehen für ein Weilchen. In ihrer kargen Wohnstube nahm ich Platz. Sie bot mir einen Becher Schafsmilch an und erläuterte: »Die Milch hab' ich vom Nachbarn. Fünf Kinder haben sie, ich helfe dort ab und an, müssen Sie wissen, ich koche und wasche, so hab' ich das Gefühl, immer noch gebraucht zu werden. Etwas Milch, mal eine Suppe fallen dabei ab, manchmal bekomm' ich ein paar kleine Münzen – das reicht fürs Leben. Mangel hab' ich nie gehabt.«

Ich entgegnete: »Und ich hab' mir schon Gedanken gemacht, ob Sie zurechtkommen mit dem Leben. Ich wollte einfach einmal zu Ihnen 'reingucken. Wie gesagt, ich hab' Sie im Tempel gesehen.«

»Ja, ja, der Tempel«, hörte ich sie sagen, »wenn wir den Tempel nicht hätten!

Er ist mir wie ein Zuhause. Ich hatte einmal eine Freundin, Hanna hieß sie, eine Tochter Phanuels, die hat mich mitgenommen zum Tempel – so an die dreißig Jahre wird's her sein. Sie war eine Prophetin und wich nicht vom Tempel und diente Gott mit Fasten und Beten Tag und Nacht. Oft redete sie von ihm zu allen, die auf die Erlösung Jerusalems warteten (Lk 2,37f.). Ihr verdanke ich viel. Und nun ist er wohl da, der Erlöser. Ich hab' seine Worte vernommen, aufgenommen hab' ich sie wie einen kostbaren Schatz. Haben Sie seine Rede gehört, die er auf dem Berg gehalten hat, oder kommen Sie aus dem Tempel nicht raus? Durch und durch ist's mir gegangen. Und was er gestern und heute im Tempel gesagt hat – ja, davon lebe ich, das möchte ich nicht mehr entbehren.«

Die Witwe zündete ein Öllämpchen an, dunkel war es inzwischen geworden. Im Schein der ruhig brennenden Flamme bemerkte ich, daß ihre Gesichtszüge nicht mehr ganz so ernst waren wie vorhin im Tempel. Das ermutigte mich zu fragen: »Stimmt es, daß Sie heute Ihr letztes Geld für den Tempel geopfert haben?«

»Viel habe ich nie besessen«, sagte sie, »und die beiden letzten Scherflein habe ich dem zurückgegeben, dem ich mein Leben verdanke. Ich vertraue darauf: Gutes und Barmherzigkeit werden mir folgen mein Leben lang und ich werde bleiben im Hause des Herrn immerdar (Ps 23,6). Ich werde bleiben, dabei bleiben ...«

»Aber war das nicht ein bißchen zu leichtsinnig?« gab ich zu bedenken, »ist das nicht unvernünftig von Ihnen gewesen? Verstehen Sie mich bitte recht, als Levit ist mir das gottesdienstliche Leben des Tempels wichtig, es ist auch anzuerkennen, wenn Menschen wie Sie nicht nur etwas, sondern alles übrig haben, aber auch Sie brauchen doch etwas für Ihren Lebensunterhalt.«

»Ja, das ist wahr«, sprach sie mit ruhiger Stimme, »aber unvernünftig möchte ich das nicht nennen, was ich tue. Ich habe dem Meister zugehört auf dem Berg, und ich habe mir seine Worte eingeprägt: ›Sorgt nicht um euer Leben‹, hat er gesagt, ›seht die Vögel unter dem Himmel an, sie säen nicht, sie ernten nicht, und euer himmlischer Vater ernährt sie doch ... Schaut die Lilien auf dem Feld an ... Sorgt nicht für morgen, denn der morgige Tag wird für das Seine sorgen.‹ Ich finde, das ist ein vernünftiges Wort, ich habe es mir zu eigen gemacht und habe versucht, danach zu leben. Sorgt nicht! Nein, Sorge mache ich mir nicht um meinen Weg ...«

»Wirklich nicht?« unterbrach ich sie.

»Wirklich nicht! Ich glaube, ich bin frei von der Angst um das Morgen. Ich frage nicht: Was werde ich essen? Was werde ich trinken? Was werde ich anziehen? Wie kann ich gesund bleiben? Wie habe ich etwas von meinem Leben? Ich lebe *heute*. Ich bin frei für das Heute. Seht die Vögel unter dem Himmel! Auch der Vogel wird sterben und die Lilie verwelken, aber heute singt er und die Blume blüht in ihrer Schönheit. Heute! Der Meister macht mir das Heute wichtig. Ich fasse die Gegenwart mit beiden Händen, damit es um mich herum anfängt zu singen und zu blühen. Dafür brauche ich freie Hände, deshalb kann ich loslassen.«

Still war es auf einmal im Raum, die Öllampe gab jetzt ein schwächeres Licht. Die Witwe schwieg schon eine Weile, aber noch immer kamen ihre Worte zu mir herüber. »Ach, so denken Sie«, konnte ich nur sagen, weiter nichts.

Um diese Frau brauchst du dich nicht zu sorgen, Elnathan, ging es mir durch den Sinn. Sie hat einen Weg für sich gefunden, eine Bleibe und ein Ziel. Sie ist frei von dem, was einmal war, und frei gegenüber dem, was kommt.

»Ich werde jetzt wohl gehen müssen. Ich danke Ihnen für das, was Sie mir sagten. Ich denke, ich kann Sie jetzt besser verstehen, Frau ... – jetzt kenne ich nicht einmal Ihren Namen.«

»Das ist auch weiter nicht wichtig«, erwiderte sie, »ich bin eine von den vielen Namenlosen, Unbekannten, – vielleicht kennt Gott meinen Namen. Das genügt mir. Schalom!«

Ich trat ins Freie. »Schalom!« grüßte ich zurück. Der Mond wies mir den Weg. Vielleicht ist es doch nicht so unvernünftig, was die Witwe sagte, murmelte ich vor mich hin, doch habe ich mich *selbst* je gefragt:

> Was macht eigentlich dein Leben aus?
>
> Was macht dein Leben reich?
>
> Welcher Glaube und welche Hoffnung bestimmen dich?

Mensch, gehe hin und tue desgleichen!

Klaus Zillessen   Lukas 10,25-37
(mit Bildern von Dörte)

Es lebte einst in Jericho
ein Kaufmann, arbeitsam und froh.
Der fand, er könnt mit seinen Sachen
sich nächstens auf den Weg mal machen,
um seine Waren zu verkaufen.
Doch vorher mußt er erst mal laufen
den weiten Weg zu jener Stadt,
die den berühmten Namen hat,
den jeder kennt: Jerusalem. –
Die Reise wäre ganz bequem,
wenn man nicht leider, leider müßte
durch wilde einsamtrockne Wüste.

Noch schlimmer: dort am Wege lauern
Räuber, die hinter Büschen kauern.
Der Kaufmann denkt hin und zurück:
»Vielleicht hab ich ein bißchen Glück,
dann schlafen grade die Banditen,
wenn ich dort komm vorbeigeritten! –
Nun – was auch sei: Ich muß zur Stadt,
der Markt dort schon begonnen hat,
die Leute stehen wohl in Scharen
und warten längst auf meine Waren.«

So macht er sich denn auf den Weg,
durch Sand und Steine führt der Steg. –
Bald stand am Weg ein grüner Strauch:
»Wie schön! – Also das wächst hier auch!«
denkt er bei sich, geht fröhlich weiter,
der Schritt ist fest, die Stirne heiter.

Doch das war die bewußte Stelle,
wo hinter Strauch und Bodenwelle
sich jene beiden Räuber duckten
und spähend durch die Zweige guckten,
ob nicht des Weges Menschen kämen,
denen sie Geld und Leben nähmen.
Schon haben sie den Mann erspäht,
der arglos seines Weges geht.
Er geht dahin noch froh und frisch –,
da stürzen sich aus dem Gebüsch
die beiden Bösen mit den Keulen,
sie schreien wild, sie johlen, heulen
und prügeln los auf jenen Mann,

schlagen ihn nieder – ja und dann
entflieht die feige böse Meute
mit ihrer reichen Diebesbeute. –
Da liegt er nun, der arme Tropf,
die Sonne scheint ihm auf den Kopf,
zerrissen ist sein gut Gewand,
das Blut rinnt rot in heißen Sand,
es schmerzen ihn die wehen Knochen,
das Herz will kaum noch richtig pochen. –
Da liegt er nun, der arme Mann. –
Ob einer ihm wohl helfen kann? –

Es scheint noch einmal gut zu gehn:
denn plötzlich kann man kommen sehn
ganz hinten noch in weiter Fern,
einen seriösen schwarzen Herrn:
Es ist ein Priester, ja ganz recht! –
Ihr denkt: »Das ist doch gar nicht schlecht:
der singt nicht nur Halleluja,
der ist doch auch zum Helfen da!«
Doch muß ich sagen: Leider, leider
geht die Geschichte anders weiter:
Zwar sieht er unsern Kaufmann liegen
(auf seinen Wunden krabbeln Fliegen),
er hört den Armen leise wimmern
und weiß: ich müßte mich drum kümmern –
doch ist der Weg halt noch recht weit
zur Stadt: »Ich habe keine Zeit«, –
und: »Sollten denn bald andre nicht
vorbeikommen, die ihre Pflicht
an jenem Mann mögen erfüllen
und ihm die offnen Wunden kühlen?«
So geht er rascher als vorher,
(und auch ein bißchen ängstlicher!),
er denkt: »Verzeih mir, lieber Gott, –
doch besser: Eins statt Zwei sind tot!«
– (Die Leute manchmal ihr Gewissen
halt irgendwie beruhigen müssen!) –
So liegt er noch, der arme Tropf,
die Sonne scheint auf seinen Kopf,
zerrissen ist sein gut Gewand,
das Blut rinnt weiter in den Sand,

es schmerzen ihn die wehen Knochen,
das Herz will kaum noch richtig pochen,
da liegt er noch, der arme Mann –
ob einer denn ihm helfen kann? –

Jetzt hört man wieder einen Schritt –
und diesmal ist es ein Levit,
der munter seines Weges kam.
Hört nun, wie der die Sache nahm:
Auch er sieht unsern Kaufmann liegen,
das Blut, die Wunden und die Fliegen,
auch er hört ihn ganz deutlich wimmern
und fragt sich: »Soll ich mich drum kümmern?«
Doch dann denkt er: »Nun ja, nun ja –
der Priester war ja wohl schon da,
sprach sicher für ihn ein Gebet,
außerdem ist es auch schon spät.
Und helfen? – nun ich mein, ich kann
beim Rückweg helfen diesem Mann!«
– (Die Leute manchmal ihr Gewissen
halt irgendwie beruhigen müssen!)

Ach, liebe Leut – ich fürchte sehr,
daß wirklich er gestorben wär,
– (ja, das ist alles doch recht bitter!) –
wenn nicht des Wegs ein Samariter
mit seinem Tier gekommen wär;
den dauerte der Kaufmann sehr,
er hielt bei jenem armen Mann
trotz der Gefahr dann sofort an

und packt ganz schnell aus seinen Taschen
ein Fläschchen Öl zum Wundenwaschen,
macht mit zwei saubren Lappen Leinen
einen Verband an Kopf und Beinen,

hebt mit Hauruck den kranken Mann
auf seinen grauen Esel dann,
und bringt ihn ohne Furcht und Graus
zum nächstgelegnen Gästehaus. –
Erst hält er an den Treppenstufen,
um dann sogleich den Wirt zu rufen.

Dort hat er dann noch in der Nacht
mit ihm einen Vertrag gemacht:
»Herr Wirt, hört her, versteht mich recht:
Ihr seht: dem Mann hier geht es schlecht,
drum bitt' ich Euch: sorgt Ihr für ihn,

denn ich muß morgen weiterziehn,
pfleg' ihn gesund, sorg gut für ihn,
ich leg' 10 Silberstücke hin;
und dieses Geld gehöret Dir,
wenn Du den Wunsch erfüllest mir.
Sollt dieses Geld jedoch nicht reichen,
so kann ich weitere Schuld begleichen,
wenn nächstens ich komm hier zurück.
Auf Wiedersehn – und: recht viel Glück!«

Alles, was nötig, hat der Wirt
genau nach Wunsch dann ausgeführt.
Dem Kaufmann gings von Stund zu Stund
bald besser, dann war er gesund.
Als er dann endlich stark genug,
bestellt er guten Wein im Krug,
trinkt dankbar einen Viertelliter
auf den barmherzgen Samariter,
denn dieser Mann der guten Tat
Nächstenliebe geübet hat,
so wie es Jesus Christus will –
und wie es zeigte unser Spiel. –
Laß doch auch du dein Herz erweichen
Mensch, gehe hin und tu desgleichen!

(Für einen Familiengottesdienst könnten nach der Art der Zeichnungen vorher z. B. Stabpuppen gebastelt und während der Predigt gezeigt werden).

Meine Klapper

Klaus Wende   **Lukas 17,11-19**

Wir haben soeben die Geschichte vom gesundgewordenen Samaritaner gehört. Im Gegensatz zu seinen neun Leidensgefährten ist er umgekehrt, um
seinen Dank abzustatten. Ich möchte mich in seine Person hineinversetzen
und seine Rolle spielen. Dazu habe ich diese Klapper mitgebracht (zwei kleine

Holzbrettchen mit Loch und mit einer Schnur verbunden; während der Predigt wird immer wieder damit geklappert!).

Liebe Leute, diese Klapper ist mir so wertvoll, daß ich sie mir für immer aufheben werde. Jemand könnte meinen: das ist doch nur eine Klapper, eine hölzern scheppernde Klapper. Die soll wertvoll sein? Sie taugt nicht einmal, um Musik zu machen! Ich habe mit ihr auch keine Musik gemacht. Lärm habe ich mit ihr gemacht, großen Lärm, damit die Leute ängstlich stehenbleiben. Und laut gerufen habe ich dazu: Ich bin unrein. Kommt mir nicht zu nahe. Ich habe eine schreckliche, ansteckende Krankheit. Bleibt weg von mir, haltet Abstand, sonst bekommt ihr sie auch, die Lepra.

Wehe, ich hätte nicht rechtzeitig geklappert und laut gerufen. Man hätte mit Steinen nach mir geworfen! Aber wenn ich anständig Lärm machte und jeder meine Krankheit rechtzeitig erfuhr, dann hatte der eine oder andere Mitleid mit mir. Mancher legte ein Stück Brot hin nahe der Höhle, in der ich hausen mußte. Regelmäßig kamen meine Frau und die beiden Kinder zu mir. Aber auch sie konnten nur in Rufnähe herankommen. Wie gern hätte ich meinen Kindern übers Haar gestrichen oder sie umarmt. Doch so standen wir uns immer nur von weitem gegenüber. »Papa, wie geht es dir?« riefen sie. »Wir haben dir zu essen mitgebracht, obwohl wir selbst nur wenig haben. Wir müssen betteln gehen, seit du krank bist. Dazu verspotten uns die anderen Kinder: Ihr seid Samaritaner, ihr seid Ausländer. Mit euch spielen wir nicht. Geht nur gleich für immer zu eurem Vater hinaus. Wir könnten uns anstecken!« Und meine Frau jammerte oft mit Tränen in den Augen: »O, Gabriel« – das bin ich – »wenn du doch bloß wieder gesund werden würdest! Die Juden geben mir keine Unterstützung. Sie sagen mir: Du bist keine gute Frau. Du glaubst nicht so wie wir an Gott, sonst hätte er deinen Mann nicht mit Lepra gestraft. O, Gabriel, wie soll es mit uns weitergehen? Ich bin am Verzweifeln, und der Glaube an Gott fällt mir von Tag zu Tag tatsächlich schwerer.« Was sollte ich ihr antworten, womit sie trösten? Ich wußte mir selbst keinen Rat. So bin ich dann meist schnell in die Höhle gegangen, damit ich meinen Tränen freien Lauf lassen konnte.

Immer wieder habe ich flehentlich zu Gott gebetet, er möge mir doch helfen. Aber es ist anfangs nur noch schlimmer geworden. Mein Gottvertrauen wurde auf eine harte Probe gestellt. Da kam nämlich ein Mann auf mich zu, dem Aussehen nach ein Jude, und blieb auch nicht stehen, als ich zu klappern anfing. Vielmehr zog er unter seinem Gewand auch eine Klapper hervor und fing an Lärm zu machen. Den hatte es also auch erwischt! Im Laufe der Zeit kam noch einer und noch einer. Schließlich waren wir in der Höhle zehn: neun einheimische Juden und ich als einziger Samaritaner. »Sami«, sagten meine Leidensgefährten zu mir, »Sami, daß *du* krank bist, ist verständlich. Du bist eben in Gottes Augen und in unseren ein ungläubiger Samaritaner. Dein Unglaube ist sichtbar mit der Lepra bestraft worden. Aber wir sind doch gläubige

Juden! Warum *wir* krank geworden sind, verstehen wir nicht! Anscheinend hat uns Gott vergessen!« Die Neun hielten immer ein wenig Abstand von mir, als ob sie sich noch mehr anstecken könnten. Sie durften mit mir offiziell keine Freundschaft halten, obwohl der eine oder andere mir zwischendurch einen Bissen zukommen ließ. Aber waren wir nicht alle miteinander leprös? Wer fragt da nach Freund und Feind? Waren wir keine Glaubensgenossen, so waren wir doch Leidensgenossen! Und dann geschah es, das Wunder, mit dem keiner von uns mehr gerechnet hatte. Schon tags zuvor hatte meine Frau hoffnungsvoll gerufen: »Gabriel, im Nachbardorf ist ein Mann aus Nazaret angekommen. Man sagt, daß er Kranke heilen kann. Er heißt Jesus. Das bedeutet doch: Gott hilft. Vielleicht hilft dir Gott durch diesen Jesus. Ich habe schon mit den anderen Frauen gesprochen. Wir versuchen, ihn zu euch herauszuschicken.« Und er kam. Er mußte erschrecken über unsere zerrissenen Kleider. Die Gesichter verhüllten wir mit einem Tuch, weil unsere Geschwüre wirklich häßlich aussahen. Wir klapperten unentwegt, als er noch ganz weit weg war, um ihn zu warnen. Und so laut wir konnten baten wir ihn: »Jesus, erbarme dich! Hilf uns!« Und einer von uns, der Griechisch konnte, rief dazwischen: »Kyrie eleison!«, wie man nur ganz hohe Herren anspricht. Er aber sagte: »Geht, geht! Zeigt euch den Priestern!« Ungläubig schauten wir uns gegenseitig an. Wir sollten zu den Priestern gehen? Die sollten feststellen und bestätigen, daß wir von der Lepra gesund geworden seien? Sie sollten uns erlauben, wieder unter den anderen leben zu dürfen, im Dorf, bei den Gesunden, bei den Familien? Aber wir waren doch noch gar nicht gesund! Jeder hatte noch seine häßlichen Geschwüre im Gesicht. Mußten wir also unsere letzte Hoffnung begraben? Konnte uns Jesus auch nicht helfen? Aber dann überlegten wir nicht lange. Schaden konnte es bestimmt nicht, zu den Priestern zu gehen. Schlimmstenfalls würden sie uns in die Höhle zurückschicken. Also machten wir uns auf den Weg, immer laut klappernd, damit die anderen vor uns auswichen. Unterwegs entdeckte ich es: Die Haut im Gesicht meiner Leidensgefährten verlor ihre Grinde. Mir stockte der Atem. Kaum, daß ich stammeln konnte: »Ihr braucht nicht mehr zu klappern. Ihr seid gesund.« Die anderen starrten mich an. »Du bist auch gesund, Sami. Wirf deine Klapper weg!« Und schon flogen ihre Klappern in hohem Bogen in die Gegend. Ich hielt die meine aus innerem Antrieb fest. Nein, ich würde sie nicht einfach wegwerfen. Ich wollte sie zur Erinnerung behalten. Sie sollte mich an den erinnern, der mir so freundlich geholfen hatte. Ich fühlte mich wie neugeboren. Mein Herz klopfte vor Freude. Ich machte einen Luftsprung. Die anderen tuschelten miteinander. Dann bauten sie sich wie eine Mauer vor mir auf. »Du kannst nicht mit uns weitergehen zu den Priestern. Du bist ein Samaritaner und hast in unseren jüdischen Gotteshäusern nichts verloren. Geh deiner Wege, aber nicht mit uns!« Das hätten sie mir gar nicht zu sagen brauchen. Ich war sowieso schon im Begriff umzukehren, äußerlich und innerlich. Mein ganzes Leben würde sich von nun an ändern. Täglich wollte ich Gott loben und ihm danken, daß er so gnädig zu mir gewesen war. Die anderen sollten nur zu den Priestern gehen, ich mußte noch einmal zurück. Mit lauter Stimme betete ich: »Ich schrie zu dir, Gott. Du hast mich gehört. Du machtest mich gesund. Du hast mich gesehen. Du hast mich ins Leben zurückgerufen.«

Und als ich dann bei Jesus angekommen war, habe ich ihm auf den Knien gedankt. Jesus hat mich verwundert angeschaut und gefragt: »Sind nicht zehn gesund geworden? Die neun anderen, wo sind sie? Hat sich sonst keiner gefunden, der umgekehrt ist, um Gott die Ehre zu geben? Will nur dieser Ausländer, der Samaritaner, unseren Gott loben? Wo sind die anderen neun geblieben?« Und dann half er mir auf die Beine und machte mir Mut: »Geh hin. Dein Glaube hat dich gerettet. Du gehörst zu Gott und Gott zu dir. Du bist für immer gesund!«

Ihr könnt Euch gar nicht vorstellen, wie froh meine Frau und meine Kinder waren, als ich heimkam, geheilt an Leib und Seele. Ich hatte wirklich den Heiland der Menschen erlebt. Jetzt versteht Ihr besser, warum mir diese Klapper so wertvoll ist. Sie erinnert mich und meine Familie, daß wir nicht vergessen, Gott zu loben. Und sollten wir es doch einmal vergessen, was vorkommen kann, dann klappere ich wieder einmal. Ab und zu muß man sich selbst einmal daran erinnern, wofür man Gott zu danken hat. Es gibt genug Grund zum Danken, wenn man darüber nachdenkt. Macht Euch doch auch so eine hölzerne Klapper, damit Ihr das Loben und Danken nicht vergeßt.

Sabine

Ernst Arfken **Johannes 8,1-11**

Es war in der Weihnachtsnacht 1977, etwa 1.00 Uhr. Der Mitternachtsgottesdienst war gerade zu Ende. Hier im Mittelgang der Kirche blieben noch einige Gottesdienstbesucher zurück, die mich kannten und mir gute Feiertage wünschten. Einige sprachen länger mit mir, andere drückten mir nur kurz die Hand. Dann fragte mich ein junges Mädchen, das ich nicht kannte: »Darf ich Sie wohl auch noch sprechen?« Ich sagte: »Ja gern«, und bat sie, sich zu setzen und einen Augenblick zu warten, bis es in der Kirche ruhiger geworden wäre. Ich verabschiedete mich noch von einigen Bekannten und setzte mich dann neben »Sabine«, wie wir sie jetzt nennen wollen. Sie wollte etwas sagen, aber sie konnte nicht. Statt dessen fing sie heftig an zu weinen. Mehrfach setzte sie zum Sprechen an, aber es gelang ihr nicht. Ihre Bewegungen ließen etwas davon erkennen, daß ihr dieses nicht nur peinlich war, sondern daß es sie geradezu verzweifelt machte. Ich sagte ihr, sie brauche sich nicht zu schämen. Sie dürfe sich hier gern kräftig ausweinen. Manchmal täte das sogar recht gut. Nun begann sie zu sprechen: »Es ist das erste Mal seit meiner Kommunion, daß ich wieder eine Kirche betrete.« Dann weinte sie wieder. Ich fragte, ob es – ich könne das gut verstehen – ein sehr schwerer Entschluß für sie gewesen sei. Plötzlich lag ein Klang von fester Entschlossenheit in ihrer Stimme. Sie erklärte: »Es ist kein gewöhnlicher Mensch, mit dem Sie hier sprechen.« Und nach kurzer Pause fügte sie hinzu: »Ich bin eine Prostituierte!« Wieder verbarg sie ihr Gesicht in ihren Händen, richtete sich aber bald wieder auf und fragte sehr ängstlich und mißtrauisch: »Mögen Sie auch jetzt noch mit mir sprechen?« Auf mein »Nein« schien sie gefaßt zu sein. Ich sagte: »Ja, besonders gern.« Es habe mich seit Jahren bedrückt, daß in der Bibel so viel von solchen Menschen wie ihr die Rede sei. Zu meinem Pfarrbezirk gehöre auch die Güterbahnhofstraße mit jenem Hause, für dessen Bewohner ich auch zuständig sei und von denen manche meine Hilfe vielleicht dringend brauchten. Aber ich hätte noch keinen Weg gefunden, dieses erkennbar zu machen. Um so dankbarer sei ich dafür, daß sie den Mut gefunden habe, hier eine Verbindung herzustellen.

Ich müsse nur kurz meine Frau verständigen, weil ich keinen Haustürschlüssel bei mir hätte. Meine Frau stand einige Schritte weiter entfernt und unterhielt sich mit einigen Bekannten. Kaum hatte ich begonnen, mit ihr zu sprechen, da stand Sabine auf und rief: »Ich will Ihnen nicht unbequem sein. Ich gehe schon wieder.« Sie eilte so schnell zum Ausgang, daß ich mit meinem Talar kaum Schritt halten konnte. Glücklicherweise hatte unser Küster die Haupttür schon abgeschlossen. Sabine mußte wieder zurückkommen.

Ich bat sie, ins Gemeindehaus hinüber zu kommen, und sagte ihr zu, sie nach Hause zu begleiten. In unserem Büro konnte ich ihr einen Sessel anbieten statt der harten Kirchenbank, konnte meinen Talar beiseite hängen und ihr einen kleinen Zettel schreiben. So hatte ich jedenfalls etwas, was ich ihr zu Weihnachten geben konnte, wenn es auch nur meine Anschrift und Telefonnummer war, damit sie sich jederzeit wieder an mich wenden konnte.

Sabine holte eine Schachtel aus ihrer Handtasche und bot mir eine Zigarette an. Ich dankte und sagte, daß ich Nichtraucher wäre. Sie bat mich sehr, dennoch eine Zigarette mit ihr zu rauchen. So ungeübt, wie ich war, befürchtete ich, daß ein Hustenanfall meinerseits unser Gespräch noch mehr stören würde als meine Nichtraucherei. Ich bat Sabine, für mich mitzurauchen, womit sie sich glücklicherweise zufriedengab. Aber ich war sehr unzufrieden mit mir und dachte: Wenn man schon nicht raucht, so sollte man es wenigstens gelernt haben!

Sabine begann zu erzählen: Nach ihrer Schulzeit hatte sie ein Handwerk erlernt und ihren Gesellenbrief gemacht. Als sie siebzehn Jahre alt war, wurde die Ehe ihrer Eltern geschieden. Sabine wurde gefragt, ob sie zur Mutter oder zum Vater ziehen wollte. Gegen diesen Zwang sträubte sich etwas in ihr. Sie wollte sich nicht so kurzerhand für die eine oder für die andere Hälfte ihrer Eltern entscheiden müssen. Sie gehörte doch zu beiden! Außerdem war sie in dem Alter, in dem man sich nach seiner ersten Selbständigkeit sehnt und in die Welt hinausstrebt. So nahm sie sich allein eine Wohnung. Bald aber bekam sie zu spüren, daß der eigene Haushalt teurer ist als das Leben im Elternhaus, besonders wenn man darauf nicht ausreichend vorbereitet ist. Und die Miete sollte immer pünktlich bezahlt werden. Sie geriet in Geldschwierigkeiten. »Da lernte ich«, so erzählte Sabine weiter, »zwei junge Mädchen kennen, die ›in dieser Branche arbeiten‹, wie man bei uns sagt. Ich schloß mich ihnen an und konnte bald meine Geldsorgen überwinden. Nun bin ich schon einige Jahre dabei.«

Nachdem sie ihre Lebensgeschichte erzählt hatte, begaben wir uns auf den Heimweg. Als wir die Straße betraten, fragte sie, ob sie mich einhaken dürfte. Und schon hing sie an meinem Arm. Ich bemerkte, daß sie auf den schmalen Absätzen ihrer modischen Schuhe sehr unsicher ging. Aber es war wohl nicht nur die äußerliche Anlehnungsbedürftigkeit, die sich hier bemerkbar machte.

Ich mußte daran denken, daß zu Weihnachten ohnehin alles anders ist. Die Bibel berichtet, daß der größte König der Welt in der Weihnachtsnacht in einem Stall geboren wurde und in einer Futterkrippe liegen mußte. Unbekannte Hirten irgendwo draußen vor der Stadt bekamen Besuch aus dem Himmel von den Engeln. Eine alte Legende erzählt, daß in der Weihnachtsnacht die Tiere die Sprache der Menschen reden und verstehen. Und nun ging in der Weihnachtsnacht ein sehr glücklich verheirateter Pastor mit einem unbekannten Mädchen Arm in Arm durch die Hauptstraße von Göttingen. Vielleicht war diese Gelegenheit Sabines einziges Weihnachtsgeschenk.

»In der Bibel steht doch die Geschichte einer Frau«, sagte Sabine und sprach vom 8. Kapitel des Johannes-Evangeliums. Sie kannte die Geschichte genau. »Und der Herr hat die Frau doch nicht verurteilt«, sagte sie. An der Art, wie sie von Jesus als dem »Herrn« sprach, spürte ich, daß das für sie keine leere Formel war.

Meinen Gedanken drängte sich das Wort des Apostels Paulus auf: »Niemand kann Jesus einen Herrn nennen, wenn nicht durch den heiligen Geist« (1. Kor. 12,3). Daß Jesus Christus der Herr über alle Völker und Rassen ist, das geht uns leicht über die Lippen. Daß er sich auch in solchen Kreisen als Herr erweist, auch dort Vertrauen und Anerkennung findet, das wird uns nur selten bewußt. Vielleicht rettet Jesus Christus dort sogar Menschen vor letzter Verzweiflung und erweist sich damit erst recht als »der Herr«.

Im Tempel von Jerusalem kamen die vornehmen und führenden Männer, die sich auf ihre Bedeutung und Frömmigkeit viel einbildeten, zu Jesus, um ihn zu maßregeln. Er aber schleuderte ihnen das harte Wort ins Gesicht »Die Zöllner und Huren mögen wohl eher ins Himmelreich kommen als ihr« (Matth. 21,31). Mir schien, als sei mir dieses Wort nun verständlicher geworden.

Ich erzählte, daß hier in Göttingen im Deutschen Theater einmal ein Schauspiel aufgeführt wurde, in dem der Satz vorkam: »Es gibt nichts Traurigeres als ein Freudenmädchen.« Ob Sabine diesen Satz bestätigen würde? »Für die meisten trifft er zu«, sagte sie. »Ich würde es niemandem empfehlen, sich auf diese Beschäftigung einzulassen. Niemandem.« Doch dann berichtet sie davon, wie verschieden doch das Lebensgefühl dieser Menschen sei, die wir doch wohl als allesamt gleichermaßen verwerflich über den Kamm scheren würden, von den Abgestumpften bis zu den Feinfühligen, von den Gewissenlosen bis zu den Schuldbewußten.

»Vor der menschlichen Gesellschaft gelten wir ja als das Allerletzte«, sagte Sabine, »als der Abschaum der Menschheit, als die Leute ganz unten. Und ich kann es gut verstehen, wenn jemand so urteilt. Ich kann es ihm nicht einmal übelnehmen. Aber alle, die uns so einstufen, sollten nicht vergessen, durch wieviel Leid man hindurchgegangen ist, wieviel bittere Enttäuschungen, welche Verzweiflung man im Leben erfahren hat, bis man schließlich den Widerstand aufgibt und sich auf diese untere Stufe herabläßt – und wie schwer es dann ist, da wieder herauszukommen. Bitte, sagen Sie das einmal Ihren Zuhörern. Predigen Sie einmal von dem, was ich Ihnen erzählt habe; auch wenn es dann eine Palastrevolution gibt. Ja, das müssen Sie unbedingt tun.« Inzwischen waren wir bei der zweiten Querstraße vor der Güterbahnhofsstraße angekommen. Sabine meinte, ich müsse nun sicher umkehren. Dasselbe äußerte sie an der nächsten Abzweigung noch einmal. Anscheinend empfand sie es als unhöflich, mich bis in die Nähe dieser verrufenen Gegend mitgehen zu lassen. Weil ich ihr aber versprochen hatte, sie bis nach Hause zu begleiten, bestand ich darauf.

Nun fuhr sie fort: »Die Leute, die uns so sehr verachten, sollten vielleicht auch bedenken, welche Zustände herrschen würden, wenn es uns nicht gäbe. Dann würde abends auf der Straße keine Frau mehr sicher sein. Auch gibt es Männer mit abartigen Veranlagungen, die zu Hause nicht verstanden werden, bei uns aber noch etwas Freude finden, die sie sonst entbehren müßten. Tun wir nicht damit doch noch ein wenig Gutes? Und ist nicht das Gute etwas Göttliches?« Sabine hätte es sicher gern gesehen, wenn ich ihr nun begeistert zugestimmt hätte. Aber ihre ungewöhnlichen Gedanken waren mir zu neu. Ich konnte sie nur spüren lassen, daß mich ihre Worte sehr zum Nachdenken anregten. Bis heute habe ich eine fertige Lösung nicht gefunden. Ist das Gute immer etwas Göttliches? Vielleicht. Aber nicht immer erkennen wir deutlich, was wirklich gut ist. Es könnte auch so sein, daß das Gute hier auf Erden nie ganz gut und das Schlechte nie ganz schlecht ist, sondern immer noch, wie Sabine sagte, eine Spur des Göttlichen enthält. – Auch das Leben und Sterben Jesu

Christi läßt sich auf diesem Hintergrund sehen: Jesus mußte kommen und den Tod erleiden, um unserer menschlichen Unvollkommenheit seine vollkommene Liebe und die vollkommene Vergebung unserer Schuld entgegenzusetzen.

Sabine und ich waren jetzt vor der Gaststätte in der Güterbahnhofstraße angekommen. Sie verabschiedete sich damit, daß sie ihren Arm um meinen Hals legte. Dann ging sie zurück in ihre traurige Welt, aber doch mit einem fröhlichen Gesicht. Im Eingang wandte sie sich noch einmal um und winkte. Dann schloß sich hinter ihr die Tür. Und doch hatte ich den Eindruck, daß sich in dieser Nacht eine Tür geöffnet hatte – eine Tür zwischen zwei Welten, die sonst meilenweit voneinander entfernt und ohne jede Verbindung waren. Es beschämte mich sehr, daß diese Tür nun nicht von unserer, sondern sozusagen von der anderen Seite her geöffnet worden war.

Einladung zum Abendmahl

Wolfram Braselmann   Lukas 22,7-20

Zwei alte Männer, die regelmäßig in meiner alten Gemeinde im Rheinland zum Abendmahl kamen, kann ich nicht vergessen. Immer wieder, wenn ich mir klarmachen möchte, wenn ich erklären möchte, was das ist, wenn wir gemeinsam Abendmahl feiern, dann fallen mir die beiden ein, und ich sehe das Bild wieder vor mir, wie die beiden gemeinsam zur Austeilung des Abendmahls gekommen sind. Und von den beiden möchte ich euch heute abend erzählen, und möchte euch erzählen, was ich von den beiden über das Abendmahl gelernt habe.

Die beiden hatten eine gemeinsame Geschichte, hatten viel miteinander erlebt. Sie waren beide zur gleichen Zeit Ratsherren im Gemeinderat gewesen, und sie waren in verschiedenen Parteien gewesen. Der eine war Maurer gewesen, und Sozialdemokrat, der andere hatte eine kleine Buchhandlung gehabt, und war in der CDU. Und damals, im Gemeinderat, da war es oft hoch hergegangen, und sie hatten sich manches Mal gewaltig gestritten und bekämpft, einer den anderen: Ihr könnt euch das vorstellen, wie das so herging in einem Dorfparlament. Und manches Mal mögen sie auch im Zorn voneinander geschieden sein.

Und noch heute nennen sie sich, halb im Ernst, halb im Scherz, den »roten E.« und den »schwarzen R.«

Die beiden waren nun alt geworden, so um die siebzig Jahre. Und die beiden hatten ihre Krankheiten gehabt und waren in Rente gegangen. Und wie es so kommt: Manchmal gingen sie zusammen spazieren. Und manchen Sonntag gingen sie zusammen in die Kirche.

Und sie beide waren von ihrer Krankheit gezeichnet; denn der eine war im Laufe der Zeit fast erblindet, und der andere war schwer gehbehindert. So saßen sie sonntags in der Kirche, manches Mal in derselben Bank. Und wenn wir dann das Abendmahl feierten, dann konnte keiner von den beiden allein zum Abendmahl kommen. Beide waren auf Hilfe angewiesen. Und dann geschah es: Dann brachte einer den anderen, dann brachten sie beide sich gemeinsam nach vorne zum Altar. Der Erblindete stützte den Lahmen, der Lahme führte den Blinden. Und einer reichte dem anderen das Brot und den Wein: Christi Leib, für dich gegeben, Christi Blut, für dich vergossen.

Und wenn ich die beiden so kommen sah, und sich das Abendmahl reichen, dann dachte ich immer: Ja, das ist das Abendmahl. So kommen wir hierhin. So feiern wir es. So ist es richtig, so ist es würdig, wie der Apostel Paulus schreibt.

Verschiedene Menschen sind wir, ganz andere. Und manches Mal auch einer des anderen Konkurrent, und einer des anderen Gegner. Verschiedene Menschen, mit unserer Geschichte, und manchmal auch mit einer gemeinsamen Geschichte, in der Frieden und auch Streit ist.

Doch am Tisch des Herrn, da stehen wir nebeneinander, Gegner vielleicht und doch alle Gäste des Herrn. Und wir erfahren: Wie unser Herr uns alle einlädt, uns allen sagt: Kommt her. Und vor unserem Herrn können wir alle in Frieden nebeneinander stehen, in Frieden uns einladen lassen und in Frieden wieder gehen; denn sein Friede ist größer als der Friede, den wir machen können. Es ist der Friede, den er am Kreuz gemacht hat, und in diesem Frieden können wir auch wieder gemeinsam gehen.

Und wenn ich die beiden so kommen sah, dann dachte ich: Ja, das ist das Abendmahl. So kommen wir hierhin.

Wir kommen mit unsern Verletzungen, mit unsern Behinderungen. Wir kommen mit unserer Lahmheit, und in unserer Blindheit. Mit unseren Krankheiten und unseren Unzulänglichkeiten. Mit unserer Traurigkeit und mit unserer Freude. Und was wir dazutun können, daß es recht gefeiert wird, ist: Wir können einer den anderen mitbringen: Und wir können uns einer vom anderen mitbringen lassen.

Und wir stehen vor Ihm, der uns eingeladen hat an seinen Tisch, und sagen: Herr, so ist es, und so sind wir. Wir haben unsere Verletzungen davon getragen in unserm Leben, wahrscheinlich jeder von uns. Doch du hast uns eingeladen, und wir sind gekommen. Wir sind nicht allein gekommen, wir sind gemeinsam gekommen, wir haben einer den anderen mitgebracht. Wir sind gekommen, weil wir deinen Frieden mitnehmen wollen, deinen Frieden, den wir brauchen, wenn wir gemeinsam leben wollen, wenn wir einer den anderen

aushalten wollen. Und du lädst uns ein, und du wirst uns deinen Frieden geben, den Frieden, den du am Kreuz gemacht hast. Und wir werden in Frieden
gehen.

Was soll ich mehr sagen? Mehr als: So kommt, kommt zum Abendmahl, daß
wir den Frieden erfahren, den er gemacht hat. Kommt, die ihr verschiedene
Menschen seid, mit euren Geschichten, die ihr miteinander erlebt habt und
lebt. Ihr werdet in Frieden gehen. Kommt, mit euren Verletzungen, und dem,
was ihr mit euch tragt, bringt einer den anderen mit. Denn Er lädt uns ein.

Zeugen gesucht

Jürg Kleemann   **Apostelgeschichte 1,6-11**

Die Predigt wurde für die ökumenische Gebetswoche (18.1.-25.1.1985) entworfen. In ihr treffen mehrere Absichten und auch Redestile zusammen, die sich aus der italienischen Situation erklären.
Ein überwiegend katholisches Auditorium in der Kathedrale von Lucca, mit dessen Erzbischof mich
gute ökumenische Freundschaft verbindet, hat darauf eingewirkt. Das zeigt sich auch an den Unter-
brechungen des Erzählfadens, die nicht den Kriterien genügen, die ich an eine Erzählpredigt stelle.
Auch die Übersetzung aus dem Italienischen hat manche emotionale Färbung verändert. Jedoch
war das Echo überraschend, die Predigt löste große Zustimmung und viele Gespräche aus.

Zeugen gesucht! Mit diesen Worten wollte ich mir das Thema dieser Gebetswoche für die Einheit der Christen etwas mundgerecht machen. Zeugen gesucht! So redete ich mir selbst gut zu und wiederhole es Ihnen nun fast wie
einen Hilferuf. Denn ich möchte nicht in die Versuchung hochfliegender Gedanken geraten, möchte nicht erstens, zweitens und drittens über das Zeugnis
Christi oder der Christen zu Ihnen sprechen. Da fehlt es sowieso nicht an
Dokumenten zwischen Genf, Canterbury und Rom. Freilich, wir horchen und
blicken noch immer auf, wenn uns von Kirchengipfeln, Konferenzen und Kathe-
dern gemeinsame Stellungnahmen angekündigt werden. Aber sie lesen, ge-
schweige denn verstehen, das vermögen nur wenige. Praktische Folgen bleiben aus. Wir haben die Ökumene mit einer Art Gipfeldiplomatie zu verwech-
seln gelernt. Darum: Zeugen gesucht! Geschichten gesucht! Darauf hat mich
ein Autor gebracht, der es schließlich wissen muß. Er hat nämlich über Jesus
Christus geschrieben, aber in Geschichten. So hat er die erste Kirchengeschichte überhaupt verfaßt und an ihren Anfang eben jene Abschiedsworte
Jesu gesetzt, die uns in dieser Woche beschäftigen: »..ihr werdet die Kraft
des heiligen Geistes empfangen, der auf euch kommen wird, *und werdet mei-*

ne Zeugen sein in Jerusalem und in ganz Judäa und Samarien und bis an die Enden der Erde..«

Abschiedsworte, die beinahe das Ende der ganzen Geschichte bedeutet hätten. Blieben doch die angeredeten Jünger wie gebannt zurück, den Blick nach oben gerichtet, in Erwartung neuer Wunder und Kraftakte von oben, vom Jenseits ins Diesseits, vom Himmel auf die Erde zurückgeholt: ».. siehe, da standen bei ihnen zwei Männer in weißen Gewändern, die sagten: Ihr Männer von Galiläa, was steht ihr da und seht zum Himmel? Dieser Jesus, der von euch weg gen Himmel aufgenommen wurde, wird so wiederkommen, wie ihr ihn habt gen Himmel fahren sehen. Da kehrten sie nach Jerusalem zurück ...«

Und von da an sind Zeugen gesucht! Menschen mit Namen und Adresse, mit Umständen und Lebensläufen, in denen der Gekreuzigte sich lebendig zeigt. Den Anfang erzählte Lukas in seiner Apostelgeschichte, und seither hat es viele Fortsetzungen gegeben. Viele sind umstritten, manche gelten den einen als Segensgeschichten, den anderen als Fluch. Deshalb, weil es eine wahrhaft ökumenische Weite im Umgang mit all den Zeugen und Zeugnissen unserer christlichen Geschichte nicht – noch nicht? niemals? – gibt, habe ich mich vorsichtig auf meine eigene Lebensgeschichte beschränkt. Ich habe Zeugen gesucht, die mich in die Geschichte Jesu Christi verwickelt haben und möchte Sie anstiften, dasselbe bei sich auszuprobieren.

Mir fiel meine Mutter ein, ihr freundliches Gesicht beim Nachtgebet. Aber ich will nicht den Eindruck verstärken, wir Pfarrer seien alle Muttersöhnchen. Meine Religionslehrerin wieder beeindruckte mich durch ihren Lippenstift ... und dann stieß ich, enttäuschend genug, nur noch auf Männer. Lauter Theologen. Selbst wenn darunter Kerle waren, durch harte Kriegserfahrung geprägt, oder ein Karl Barth in seiner so menschlichen Art, Theologie zu treiben, ja sogar der Kaplan Hans, mit dem ich so viele ökumenische Abenteuer gleich nach dem Konzil erlebte – es waren Theologen. Zeugen also, die erneut unsere Blicke nach oben lenken würden. So, als ob Christus nur von oben herab, von himmlischen Höhen theologischer Autorität und kirchlicher Vorherrschaft zu uns käme. Freilich, unsere europäische Kirchengeschichte ist so gelaufen, und der Christus mitten unter und mit uns, der Christus der Brüder und Schwestern, kommt meist nur in Geschichten vor, die wir sektiererisch, verdächtig oder gar verboten finden.

Zeugen gesucht! Mit beiden Beinen auf der Erde und nicht wie vom Himmel gefallen, unbezahlt und nicht geweiht oder sonst in überlegenen Positionen – ach, ich hätte beinahe aufgegeben.

Wenn ich nicht eine Grippe zu bekämpfen gehabt und in meiner Hausapotheke gesucht hätte: Erst fand ich Aconitum D3 und dann ein Gesicht, einen Blick vor allem, ein Bild, das langsam in mir aufstieg, in einem weißen Arztkittel. Es hätte auch eine Skihose sein können, denn so winterlich verpackt waren wir uns oft über den Weg gelaufen: der Doktor und der Pfarrer. So trafen wir dann an irgendeiner Haustür im unteren Allgäu zusammen, aber die Zuständigkeiten waren bald nicht mehr in der klassischen Weise verteilt: ihm der Leib, mir die Seele. Sicher, er horchte auf Herztöne und Lungengeräusche, vor allem aber – für mich sehr befremdlich – auf Worte. Gejammer, nebensächliche Einzelheiten, Erinnerungen, dies alles interessierte ihn und am Ende schien es fast überflüssig, wenn er aus seiner Arzttasche noch eine Spritze, Tropfen oder sonst eines der Instrumente hervorholte, die uns Laien als Beweismittel ärztlicher Kunst gelten. »Die Frau braucht ein neues Nachthemd«, lautete dann seine Anweisung an mich, oder: »einfach nur die Hand halten«. So ließ ich auch mal Bibel und Gesangbuch ruhig in meiner Pfarrtasche, diese Beweisstücke theologischer Kunst, und begann, Augen, Ohren, Nase, aber auch Hände und notfalls Füße konzentrierter meinen »Patienten« zur Verfügung zu stellen. Auch wurde ich selbst sein Patient, ohne ihn jedoch zu fragen, was er eigentlich mit mir machte. Daß er seine eigenen medizinischen Ansichten hatte, auch über Leib und Seele, sozusagen eine Theorie und auch Theologie, darüber konnten wir, beide völlig in unsere Praxis verstrickt, damals nicht sprechen. Wortkarg war er sowieso, stand morgens um fünf Uhr auf, schwamm im kalten Wasser, hielt sich tadellos gerade, alter Kavallerist und blauäugiger Pommer, der er war und der doch alles hatte stehen und liegen lassen, um im Westen neu anzufangen in einem Alter, in welchem seine Kollegen in Pension gingen.

Zwanzig Jahre später, hoch in den Achtzigern, war auch er soweit. Aber für den alten Kunden, von weit her aus Italien angereist, sollte die Praxis nochmal offenstehen, sollte die Klingel in der hinteren Metzgergasse nochmal funktionieren. Meine beiden Kinder freilich reagierten ungerührt: »Wie kann er denn noch Spritzen geben, wenn er ein Uropa ist?« nörgelte mein Sohn, und seine große Schwester malte Horrorvisionen: »Wenn dann die Spritze abbricht ...« Ich aber war tief zufrieden, wieder einmal auf gut bayrisch »Grüß Gott, Frau Doktor« sagen und dann den Doktor sitzen sehen zu können, am selben Schreibtisch, im selben Stuhl, wie immer. Sofort ging er an die Arbeit, zuerst mit den Kindern.

Und diesmal geht mir ein Licht auf. Vielleicht, weil ich nun Zuschauer bin, weil ich staunen und auch besser zuhören gelernt habe im Umgang mit Menschen – jedenfalls: ich sehe meinen alten Arzt mit neuen Augen. Er läßt sich gerade erzählen, hört zu, untersucht, schaut dort nach und horcht da, bewegt ein Bein, betastet den Rücken, prüft nochmals nach ..., und dies alles so behutsam als hätte er Neugeborene vor sich. Dazwischen bespricht er sich mit seiner Frau, sie schreibt: ein Rezept entsteht. Und wie sie da alle vier miteinander und ineinander vertieft sind, fallen mir andere Bilder ein, wohl noch aus meinem ersten Religionsbuch. Bilder und dann Geschichten von geheilten Menschen, Jesusgeschichten. Was mich später daran als Aberglauben und Wundersucht abgestoßen hatte, wurde mir jetzt – ich könnte es eine Offenbarung nennen – begreiflich: Berühren, Anfassen, Handauflegen, Segnen, das waren nicht länger Gesten eines fernen und fremden Jesus, eines Wunderheilers. Das leuchtende Gesicht unseres alten Arztes, welches uns alle und das Sprechzimmer erwärmte, es wurde mir Zeuge einer vergessenen Körpersprache, der Sprache Jesu, dessen Evangelium Leib und Seele zusammenhält.

Die Hände des Doktors sprachen eine Wahrheit aus, auf die Albert Einstein angespielt hat, wenn er behauptete, daß er von der Richtigkeit seiner Theorien etwas im kleinen Finger spüre. Er wußte noch um den Zusammenhang zwischen Hirn und Hand, aus der sich in Jahrtausenden unsere Sprache entwickelt hat, die unseren Händen immer mehr Arbeit abnahm, bis sie nun arbeitslos zu werden drohen. Unsere Finger zum Tastendrücken, unser Körper als Anhängsel textverarbeitender Maschinen? Die Befreiung unseres Körpers von mühevoller Handarbeit und Gefahr kann und soll uns nicht von unserem Körper befreien, von Gefühlen, Ekstasen und manchmal auch Schmerzen. Fremd, lächerlich und notwendiges Übel, gegen solchen Umgang mit unserem Körper, mit uns selbst, sind Zeugen gesucht. Mir war und bleibt mein alter Doktor der Zeuge eines Christus, der mich meine Leiblichkeit respektieren und akzeptieren läßt, meine und die des Nächsten, den alternden Körper wie auch den jungen, den kranken wie den gesunden ... Am liebsten würde ich dies alles Zärtlichkeit nennen. Und frage mich, welche lebensfeindliche Theologie oder Ideologie mich bei diesem Wort fast zögern läßt, um damit eine ganze Dimension des Evangeliums totzuschweigen?

Eine Dimension auch der Ökumene! Schließlich fragen Sie mich jetzt zu Recht, was denn mein Doktor mit unserer Gebetswoche für die Einheit der Christen zu tun habe?

Vielleicht wenig, ja gar nichts, wenn Ökumene keine Hände braucht, wenn unsere Suche nach Einheit gut und gerne ohne Gefühle und Leiden abgeht, keiner Berührung bedarf und keiner Nähe trotz gemeinsamer Kirchenbänke. Wenn es so um uns steht, dann heißt es: Zeugen gesucht! Dringend und sofort! Zeugen des segnenden, behutsamen und wärmenden Umgangs Gottes mit seinen Menschen. Zeugen Jesu Christi gesucht! Damit das bürokratische Klima unserer Gemeindetreffen und Gottesdienste sich verflüchtigt, damit die neue ökumenische Eiszeit auf den Kirchengipfeln schmilzt, damit die eisigen Gesichter und Herzen auftauen, damit wir uns wenigstens nachher mit einem Kuß des Friedens, mit einer Umarmung, mit einem freundlichen Blick voneinander verabschieden.

Ich wollte, wir könnten diesen und manche andere Gottesdienste ebenso überrascht, gut beraten und gelaunt verlassen wie damals meine Kinder und ich die Praxis unseres Doktors. Begeistert von der Riesenportion an Schleckereien, die wir noch mit den Doktorsleuten verzehrt hatten, wollte meine Tochter wissen, ob ich bemerkt hätte, wie sie mit dem Opa am Fenster Atmen geübt hätte? Mein Sohn aber wunderte sich: »Wozu bloß hat er denn ein Klavier notwendig in seiner Praxis?« Ich erzählte ihm, wie sich auch die Patienten im Wartezimmer verdutzt anschauten, wenn plötzlich von nebenan, mal Solo, mal Duett, ein Gesangbuchchoral ertönte, von kräftigen Akkorden begleitet: Dr. med. Kurt Engel ging an die Arbeit. Die Sprechstunde war eröffnet.

Wohin sollen wir gehen?

Andreas Seifert   **Apostelgeschichte 16,9-15**

Auf den ersten Blick war das ein Morgen wie jeder andere. Am östlichen Horizont war pünktlich die Sonne aufgegangen. Die Hähne hatten gekräht. Die Bäcker standen längst in der Backstube. Die Kaufleute eröffneten den Basar. Die Gastwirte richteten gerade das Frühstück an. Überall begann das Leben von vorn. Wie an jedem Morgen. In Troas so wie in Philippi. In Jerusalem kaum anders als in Rom. Und so ähnlich noch heute, auch in Hannover.
Die Sonne geht auf. Und alles beginnt von vorn. Aufstehen und essen, arbeiten und ausruhen, sich sorgen und sich amüsieren, lachen und weinen und irgendwann abends dann wieder das Schlafengehen.
Ein Morgen wie jeder andere. Aber sehen wir nur genauer hin. Auf den zweiten Blick erkennen wir dann, wie jeder Tag auch einmalig ist; wie er Weichen in unserem Leben stellt; und wie wir in ihm etwas von Gottes Liebe und von seiner Führung entdecken können.
Der Morgen, von dem ich erzählen will, ist dafür ein Beispiel. Von heute morgen nur durch Jahre getrennt, aber sonst kaum unterschieden. Nur weil ich über einen Tag und seine Folgen erst im nachhinein klug werde, muß ich das, was ich zeigen will, in der Vergangenheit aufweisen. Was aber auch heute, am Sonntag, am 26. Februar, gilt und sich noch nachträglich und im Rückblick als wahr herausstellen wird.
An jenem Morgen also war Paulus wie gewohnt aufgewacht. Wie das so ist, wenn man nicht im eigenen Bett schläft. Er wußte im ersten Augenblick gar nicht, wo er eigentlich war. Dann sah er Lukas auf dem Strohlager in der gegenüberliegenden Ecke. Und ihm fiel beides zugleich wieder ein. Wie sie hierher nach Troas gekommen waren, an den äußersten westlichen Rand der kleinasiatischen Küste, wo man zu Fuß kaum weiterkommen konnte und wo sie eigentlich auch gar nicht hatten hingehen wollen. Ja, und dann der Traum der vergangenen Nacht. Die Traumbilder standen plötzlich wie lebendig noch einmal vor ihm. Ein Ausländer, griechisch gekleidet, dem Anschein nach ein

Mazedonier, der Hilfe wollte, der auf ihn einsprach, ihn zum Mitgehen bewegen wollte und einfach nicht lockerließ.

Beim Frühstück mit Lukas war dieser Traum das Gesprächsthema. Sie mußten sich sowieso über den weiteren Weg unterhalten und einigen. In Troas wollten sie nicht bleiben. Das stand fest. Aber irgendwo anders, am besten weiter nördlich und dann an der Küste des Schwarzen Meeres entlang, da wollten sie einen neuen Anlauf nehmen, sich auf die Marktplätze stellen, Straßenmission treiben, zur Taufe einladen und Zellen gründen, aus denen christliche Gemeinden wachsen sollten. So war es abgesprochen. So waren sie bisher, mit wechselndem Erfolg, Hunderte von Kilometern vorangekommen.

Es schien, als hätten sie den weiteren Weg dabei aus den Augen verloren. Warum waren sie überhaupt in Troas gelandet? Wo sie doch eigentlich nach Bithynien, nach Norden hin hatten ziehen wollen. So eine Hafenstadt kann wie eine Sackgasse sein. Man muß umkehren, wenn man nicht den Boden unter den Füßen verlieren will.

Oder schwimmen. Natürlich. Es gibt überall Alternativen. Der Mensch hat fast immer mindestens zwei Möglichkeiten, unter denen er wählen muß. Aber stand Schwimmen zur Wahl? Eine Schiffsreise? War das nicht doch mehr ein Abenteuer als eine solide Missionsreise, die sie sich vorgenommen hatten?

Ich stelle mir Paulus und Lukas beim Frühstück in Troas vor. Wie sie Bedenken austauschen und Meinungen wechseln. Wie Paulus seinen Traum erzählt von dem hilferufenden Mann aus Mazedonien. Wie Lukas beiläufig darauf hinweist, daß es sehr einfach wäre, von Troas mit dem Schiff über Samothrake und Neapolis nach Mazedonien zu kommen. Und wie daraus ein Argument wird.

Aber dann auch die Unsicherheit. Auf Träume hören? Und wie jenen Mann finden? Wenn es ihn überhaupt gab. Diesen anonymen Mazedonier. Vor allem jedoch: War das ihr Auftrag? War die Änderung der Reiseroute, die sie sich immerhin nach reiflichem Überlegen und langem Gebet vorgenommen hatten, Gottes Wille? Würde er noch mit ihnen sein, wenn sie nicht nur das Land, wenn sie sogar den Kontinent wechselten? Denn davon waren sie überzeugt: Ohne Gottes Geist, ohne seinen Beistand, ohne Segen kann aus einer Reise keine Mission werden.

Zwei Männer vor einer Weggabel. Vor einer Entscheidung. Ohne den Schimmer einer Ahnung, was passieren wird, wenn sie sich so oder andersherum entscheiden. Und gut auch, daß niemand das vorher wissen und übersehen kann. Wer traute sich dann noch, einfach zu sagen: »Und wir suchten sogleich nach Mazedonien zu reisen, in der Gewißheit, daß uns Gott dahin berufen hatte, das Evangelium zu predigen.«

An diesem Morgen haben Paulus und Lukas ihre Reiseroute geändert. Als das Frühstück zu Ende war, stand die Entscheidung fest. Und obwohl die beiden ihre Entscheidung doch selbst treffen mußten, waren sie immer noch sicher: Das ist auch Gottes Weg, den wir einschlagen.

Ich sehe die beiden losgehen, runter zum Hafen. Und weil ich mehr weiß als sie, weil ich den Ausgang der Geschichte schon kenne, klopft mir das Herz. Und ich denke: Was seid ihr beide mutig. Vor einer Entscheidung stehen, seine Wahl treffen und dann sagen: Ich bin gewiß, daß Gott mich dahin berufen hat.

Während Paulus und Lukas auf dem Schiff ihrer neuen Aufgabe entgegenschwimmen, will ich den Blick auf diesen, auf unseren Sonntagmorgen lenken. Auf die Wege, die hinter uns liegen. Die so selten geradlinig verlaufen sind. Bei denen so leicht kein Ziel zu erkennen ist. Und die uns immer wieder zu Wegmarken führen. Fast täglich, in jeder Woche. Das eine tun, das andere lassen. Irgendwo hin fahren und jemanden besuchen oder zu Hause bleiben. Ein Gespräch führen oder ihm aus dem Wege gehen. Eine Einladung annehmen oder ausschlagen. Mithilfe zusagen oder sich entschuldigen. Irgendwo mitmachen oder sich zurückhalten.

Jeden Tag stehen wir vor solchen Wegmarken. Und gar nicht so selten entscheiden sie über das weitere Leben mit. Ich denke an meinen Weg, der nur zeigt, was auch Sie von sich wissen. Da haben mich meine Eltern zum Beispiel »nur« zum Konfirmandenunterricht angemeldet. Und am Ende ist über die Jahre daraus mein Berufswunsch erwachsen. Und so stehe ich hier. – Da bin ich mit einer Jugendgruppe in den großen Ferien verreist und habe ein Mädchen kennengelernt. Ohne zu ahnen, daß ich sie einmal heiraten und mit ihr heute Kinder haben würde. – Da fahre ich nach Göttingen zum Kontaktstudium. Und da kreuzt sich mein Weg mit dem eines polnischen Kollegen. Und daraus entwickelt sich unsere Aktion Polenhilfe, die wir jetzt ein viertes Mal vorzubereiten begonnen haben. Und darum gibt es jetzt in Pabianice Menschen, die diesen Winter in unseren Schuhen laufen können oder wegen unserer Medikamente überhaupt noch am Leben sind.

Überall Wegmarken. Unzählig viele. Oft das weitere Leben bestimmend. Sie kennen das. Und manchmal fragt man sich: Ob der Weg richtig ist? Natürlich gibt es auch falsche Wege, Irrtümer, Fehlverhalten. Nicht alle unsere Entscheidungen sind Gottes Berufungen. Das will ich nicht sagen. Aber dies: Daß es keinen Weg gibt, auf dem nicht Gott mit uns ginge. Daß es keinen Weg gibt, auf dem wir nicht seinen Segen merken könnten. Und keinen Weg ohne eine neue Gabelung, die uns in Einklang bringen kann mit unserer Berufung.

Was ich mir, was ich Ihnen wünsche: am liebsten jeden Morgen diese Gewißheit, daß Gott mich auf dem Weg, den ich gehen muß oder wähle, auch haben will; daß er mich in diese Richtung ruft; und daß er dort etwas mit mir anfangen kann und mich für irgendetwas, für andere Menschen, die ich vielleicht noch gar nicht kenne, nützlich sein läßt.

So wie Paulus und Lukas, die mit dem Schiff inzwischen in Griechenland angekommen sind. Heute können wir sagen: Als die zwei in Neapolis europäischen Boden betraten, hat die Geschichte des christlichen Abendlandes begonnen. Und wenn sie damals von Troas aus in die Gegenrichtung marschiert wären, wäre die Mission vielleicht nach Osten, in einen ganz anderen Kulturkreis gelaufen, wäre vielleicht die Weltgeschichte einen völlig anderen Gang gegangen. Aber wer kann das sagen! Jedenfalls hatten unsere beiden Wanderprediger nicht den Schimmer einer Ahnung, wohin ihr Weg durch die Jahrhunderte führen würde. Und gut so. Denn an jedem Tag steht ja nur das Nächstliegende auf dem Spiel. Und wir tun nur, was gerade dran und was nötig ist. Vielleicht gehört auch das zu dem Glauben, den wir von Paulus und Lukas lernen können: Daß Gott uns auch für das Kleine, das Alltägliche, das Unauffällige beruft. Und daß er daraus zusammen mit dem, was andere tun, etwas Wichtiges, etwas Hilfreiches, etwas Weiterführendes machen kann. Manchmal auch etwas Großes.

Aber Paulus hat ja nicht das christliche Abendland geschaffen. Er hat einen Anfang gelegt. Ziemlich bescheiden übrigens. In Neapolis hat kein Mazedonier gestanden und um Hilfe gerufen. Und auch in der nächstgrößeren Stadt, in Philippi, lief alles ganz anders.

Erst tat sich gar nichts. Und dann, an einem Sabbat, kam es nur zu Gesprächen mit ein paar Frauen am Fluß vor der Stadt. Aber eine von ihnen, eine reiche Kauffrau namens Lydia, die mit Purpur handelte, ließ sich ansprechen. Und dann taufen.

Der erste europäische Christ: eine Frau. Ganz anders also, als der Traum Paulus in Troas hatte vermuten lassen. Und doch Gottes Weg. Im Hause der Lydia entstand eine Gemeinde, und es gab gar keinen Zweifel, daß es Gottes Geist war, der die Menschen bekehrte.

»Wir reisen in der Gewißheit, daß Gott uns berufen hat.« Wochen später ist Paulus dann weitergezogen und hat sich mit diesen Worten verabschiedet.

Ich blicke voraus, auf die nächsten Kapitel der Apostelgeschichte, auf das Ende. Ich sehe ihn später wieder auf einem Schiff. Das bringt ihn als Gefangenen nach Rom. Irgendwann, unter Umständen, die wir nicht kennen, wird er hingerichtet. Für seinen Glauben. Auch vorher gab es noch oft genug Situationen, wo man wohl fragen könnte: Bist du nicht doch den falschen Weg gegangen? Oder gibt es jetzt noch eine Abzweigung, wo du dich aus dem Staub machen kannst? Aus seinen Briefen wissen wir, daß Paulus nicht nur bei gutem Wetter überzeugt blieb, daß Gott sein Leben führt. Was er damals mit Lukas beim Frühstück in Troas besprochen und dann in Philippi der Lydia glaubhaft gemacht hat, blieb seine Grundüberzeugung: Es gibt keinen Morgen, an dem wir nicht in Gottes Nähe leben.

Nun ist die Sonne heute einmal mehr aufgegangen. Alles beginnt von vorn. Aufstehen und essen, arbeiten und ausruhen. Sich sorgen und sich freuen. Ein neuer Tag. Der uns alle auf unserem Weg ein Stück weiter bringt. Und ein Stück näher zum Ziel: gerade an den Weggabelungen, an denen wir uns heute entscheiden werden. Und wo wir Gott nicht vergeblich bitten, mit uns zu gehen. Wir können alle in der Gewißheit reisen, daß Gott uns berufen hat.

Der mißverstandene Jesus

Edgar Dusdal
Epheser 2, 17-22

Jesus von Nazareth überlebte damals seinen Tod. Er wurde ans Kreuz gebracht von den Herrschenden seiner Zeit, weil er mit den Hungerleidern, den rechtlosen Frauen, den mit Aussatz Bedeckten lebte und sich für sie einsetzte. Dafür starb er am Kreuz. Doch er stand neu auf und lebte weiter, mit denen, die ihm folgten und an ihn glaubten und mit denen, die ihn verfolgten und nicht an ihn glaubten.

Er zog weiter die staubigen Straßen Palästinas entlang, barfuß auf steinigen Wegen. Er zog weiter in der Hitze des Tages, sich nach dem Schatten grüner Bäume sehnend. Er zog wieder durch die Dörfer, in denen er Fischern, Händlern und Bauern begegnete. Er lauschte ihren Gesprächen, wenn sie auf den Straßen einhergingen oder vor ihren Hütten standen, hörte ihnen zu, wenn sie des Abends um ihre Lagerfeuer saßen. Und er hörte, daß ihre Rede manchmal auf ihn kam, und erfuhr, was sie über ihn dachten: Daß er jedem den Frieden verkündigt hatte, sowohl denen, die sich fern und fremd fühlten, als auch denen, die sich nah waren, daß durch ihn die einander Fremden zu Nächsten werden, daß sie in ihm eins sein können, daß keiner sich mehr verlassen zu fühlen braucht, sondern jeder in seinem neuen Tempel, dessen Eckstein er ist, ein neuer Mitbürger und Hausgenosse sein darf. War es doch nicht vergebens, was ich tat, dachte er dann. War es doch nicht umsonst, all die erlittenen Qualen, die Peitschenhiebe, die Nägel in meinem Fleisch.

Sein Weg führte ihn weiter auf eine große, gut gepflasterte Straße, eine jener römischen Heerstraßen, die wie ein Spinnennetz die ganze damals bekannte Welt überspannten. Nachdem er eine Weile gegangen war, hörte er Waffen klirren und Menschen schreien. Der Schlachtenlärm kam näher. Bald darauf sah Jesus römische Soldaten, die gegen ein fremdes Volk kämpften. Und er hörte einen römischen Offizier rufen:»Bringt ihnen unseren Frieden, auf daß sie unsere Mitbürger werden, und nicht mehr Fremde in unserem großen römischen Reich sind!« Und Jesus sah, wie sich die Gefallenen vor Schmerzen ins Gras krallten und Verwundete sich ergaben, dem römischen Frieden sich beugten, um als Mitbürger zu gelten. Er sah, wie dieser Frieden mit dem Tod einherging. »Aber so habe ich es doch nicht vorgelebt«, entfuhr es Jesus bei diesem schreckensvollen Anblick. »So sollten sie sich doch nicht nah werden und zueinander kommen!« Traurig senkte er den Kopf, und Leere machte sich in ihm breit. Doch dann sagte er sich: »Aber vielleicht haben sie noch nichts von mir gehört, vielleicht wissen sie noch nicht, daß ich ihnen einen anderen Frieden verkündigte, daß sie auch anders miteinander leben können. Ja, das muß es sein«, sprach er, sich selbst tröstend. »Wenn sie meine Worte vernommen hätten, so hätte sie das verwandelt, und sie wären sich nicht erst im Tod nahe gekommen.«

Jesus ging weiter durch die Zeit. Weiter durch die Jahre, durch die Jahrhunderte. Eines Tages stand er auf einer Blumenwiese, nahe bei einem Fluß. Er blickte hinauf zu ein paar Hügeln, wo sich eine Schar Reiter aufhielt. Stolz hielten sie die Zügel ihrer Rosse in den Händen. Ihr Anführer war in eine besonders prachtvolle Rüstung gekleidet. Jesus hörte, wie seine Untergebenen ihn mit »Karl den Großen, unser allerchristlichster Herrscher« anredeten. Am Fuße der Hügel hingegen standen in endloser Reihe sächsische Bauern, in lumpige Kleider gehüllt, gebeugten Hauptes, Angstschweiß im Gesicht. Fränkische Soldaten hinter ihnen. Und Jesus hörte, wie Karl der Große sein Urteil über sie sprach: »Da sie sich weigerten, die Taufe anzunehmen, um so zu Mitbürgern unseres großen christlichen Reiches zu werden, enthauptet sie!«

Jesus stand starr vor Schreck. So habe ich es doch nicht gemeint, durchfährt es ihn wieder. Sie sollen doch nicht den Tod zum Nächsten haben, sondern das Leben. In ihm sollen sie doch zueinander finden. »Warum führen sie mich im Munde herum und handeln nicht nach meinen Worten?« klagte Jesus. Diese kennen zwar meine Worte, doch sind sie von ihnen nicht verwandelt worden. Statt sie zu umarmen, stecken sie ihnen ein Schwert zwischen die Rippen. Denken sie denn wirklich, daß dieses fremde Volk ihnen angesichts des Schwertes zu Nächsten geworden wäre, wenn sie sich unterworfen hätten? Wo sie doch nicht mit der Liebe, sondern mit dem Schwert sprechen. Traurigkeit umfing Jesus wieder, denn er sah auch seine Worte durch das Schwert zerstört.

Jesus ging weiter. Ruhelos. Ihn überfiel Rastlosigkeit, und er wußte nicht, wo er sich hinwenden sollte. Auf seinen Wegen sah er Menschen auf Scheiterhaufen verbrennen, deren gellende Schreie er mitnahm. Sie brannten, weil sie anderen fern und fremd waren. Er sah Soldaten mit einem Kreuz auf der Rüstung, wie sie in friedliche Dörfer einfielen, Frauen vergewaltigten und Männer niederstachen, weil sie anderen fremd und fern waren. Er sah, wie Missionare in seinem Namen in afrikanischen Ländern voranschritten, Hand in Hand mit anderen, die Gewehre trugen und auf Neger Jagd machten, weil sie ihnen fern und fremd waren. Und Jesus sah auch sein Volk in den Ghettos von Warschau und Theresienstadt, hörte es schreien in den KZ's von Auschwitz und Treblinka.

Ihre Tempel sind Leichentempel, durchzuckte es Jesus, und sie reden sogar noch davon, daß ich der Eckstein sei. Einen Tempel des Lebens wollte ich doch, sprach er verzweifelt zu sich, wo sich alle wohl und geborgen fühlen. Statt daß sie voneinander lernen, zerstören sie sich gegenseitig.

Und Jesus ging weiter durch die Zeit, weiter durch die Jahrzehnte. Sein Weg führte ihn in eine Straßenschlucht. Wie Festungen kamen ihm die Hochhäuser vor. Kalt starrte der Beton auf ihn herab. Jesus fühlte sich allein. Überall nur starre Wände. Grasloser Asphalt unter seinen Füßen. Am Ende der Straße befand sich ein Platz. Menschengruppen standen auf ihm herum. Sie wirkten abweisend. Überall hörte Jesus sie schimpfen. Sie schimpften alle über die anderen, die entfernt von ihnen standen, und wurden sich dabei selbst fern und fremd. Wortfetzen drangen zu ihm herüber: »Den habe ich gefressen.« »Der ist für mich Luft.« »Mit dem bin ich fertig.« »Der ist für mich gestorben.« – Der ist für mich gestorben, hallt es in Jesus nach. Und ihm war, als würde hier bereits ein Mensch getötet. Einer, der jemand anderem fremd und unverständlich war. »Dabei habe ich beiden den Frieden verkündigt«, kam es ihm resigniert über die Lippen. Und auf einmal packte Jesus die Angst. Er hatte plötzlich Angst, von diesen Menschen entdeckt zu werden, die da noch herumstanden, doch in seiner Phantasie bereits begannen, Stacheldrahtzäune um sich zu ziehen, Mauern zu bauen und nach Wurfgeschossen zu suchen. Jesus schlich sich an ihnen vorbei. Als er um eine Häuserecke bog, hörte er es noch hinter sich rufen: »Was will denn der Penner da?« – »Ich bin fremd hier.« Langsam sprach er es vor sich hin. Furchtbar fremd und allein. Und Jesus setzte sich in eine Ecke und begann ganz leise vor sich hin zu weinen. Er mußte an Jerusalem denken. Ja, um diese Stadt habe ich damals auch geweint, dachte er. Und die alten Worte kamen ihm wieder in den Sinn: »Wenn doch auch du an diesem Tag erkannt hättest, was dir Frieden bringt!« Und sein Weinen, das dem Wimmern eines Kindes glich, wurde dabei lauter. Schluchzend saß er in der Ecke. Bittere Tränen rannen über seine Wangen, um seine Einsamkeit zu mildern.

Spiegelgeschichten

Ludolf Ulrich   Hebräer 1, 2f.

Meine Kinder hatten mich verführt zu einem Bummel über einen Jahrmarkt. Da standen wir plötzlich vor einem Spiegelkabinett, einer Bude, die mit lauter Spiegeln bestückt war – Spiegeln, die alles verzerren. In einem sah man dick und klein aus, im nächsten dagegen lang und dünn mit einem Pferdegesicht – urkomisch.

Ich muß oft an diese seltsamen Spiegel denken. Denn wie leicht passiert es auch sonst, daß wir die Wirklichkeit in einem Zerrspiegel sehen.

Kürzlich war ein Elternsprechtag in der Schule. Da lernte ich Lehrer kennen, von denen die Kinder bisher nur erzählt hatten. Nun sprach ich mit ihnen und merkte plötzlich: Ich hatte mir ein anderes Bild von dem einen oder anderen gemacht. Ich kannte sie auch nur durch den Spiegel der Erzählungen meiner Kinder! Und noch eins fiel mir auf: Die Lehrer hatten ganz unterschiedliche Bilder von ein und derselben Schülerin. Nun – das lag sicher auch daran, daß der eine sie in Physik, der andere in Deutsch, der dritte im Sport erlebt hatte.

Aber das hat wohl seinen Grund auch darin, daß es sehr schwer ist, das richtige Bild eines Menschen zu zeichnen. Wir sehen immer nur einen Ausschnitt.

Aber oft kommt es auch vor, daß wir uns von einem anderen Menschen ein schlimmes Zerrbild machen. Ich denke dabei nicht nur an die Schule, sondern mehr noch an unseren täglichen Umgang miteinander – dort, wo wir miteinander und über die anderen sprechen. Bei meinen Besuchen im hiesigen Gefängnis erfuhr ich neulich, daß ein Mann aus der Untersuchungshaft entlassen war, weil sich der Verdacht, den man gegen ihn hatte, nicht bestätigte. Der Richter sprach ihn frei. Wie mag es ihm ergangen sein, als er nach Hause, in seinen Beruf, in seinen Freundeskreis zurückkehrte? Wie werden ihn die Nachbarn und Kollegen ansehen? Jeder weiß, wie verhängnisvoll sich ein Verdacht auswirken kann. Und zwar deswegen, weil viele Leute das falsche Bild, das Zerrbild, voll in sich aufnehmen und viel interessanter finden als das richtige Bild.

Das Schlechte im Menschen, das reizt uns oft mehr als das Gute. Wie kommt das?

Woher kommt diese verhängnisvolle Neigung?

Ich möchte darauf mit einem Märchen antworten. Es ist die Geschichte vom »Teufelsspiegel und seinen Splittern« von Hans Christian Andersen:

»Eines Tages war der Teufel so richtig guter Laune; denn er hatte einen Spiegel gemacht, der die Eigenschaft besaß, daß alles Gute und Schöne, das sich in ihm spiegelte, ganz klein und verzerrt erschien. Aber alles Schlechte und Gemeine, das trat ganz besonders hervor und wurde riesengroß.

Die herrlichsten Landschaften sahen darin aus wie gekochter Spinat, und die besten Menschen erschienen boshaft und wie alte Ganoven. Ging ein guter, frommer Gedanke durch einen Menschen, dann zeigte der Spiegel ein häßliches Grinsen. Der Teufel freute sich diebisch über seine kunstreiche Erfindung. Seine Schüler erzählten weit und breit, daß ein Wunder geschehen sei. Jetzt könne man sehen, wie die Welt und die Menschen wirklich seien. Sie liefen mit dem Spiegel herum, und zuletzt gab es kein Land und keine Menschen mehr, die nicht verzerrt darin gesehen wurden.

Nun wollten sie auch noch zum Himmel hinauffliegen, um sich über die Engel und Gott lustig zu machen. Sie flogen höher und höher, und immer näher kamen sie Gott und den Engeln. Da erzitterte der Spiegel so fürchterlich, daß er ihnen aus den Händen rutschte und auf die Erde hinabstürzte, wo er in hundert Millionen, Billionen und noch mehr Splitter zerbrach.

Doch gerade jetzt richtete er viel größeren Schaden an als vorher. Denn die Splitter flogen kreuz und quer durch die weite Welt, und wo sie den Leuten in die Augen kamen, da blieben sie stecken. Und die Menschen sahen alles verkehrt oder hatten nur einen Blick für das, was an einer Sache schlecht war. Denn jedes kleine Spiegelsplitterchen hatte dieselben Kräfte behalten, wie sie der ganze Spiegel besessen hatte.

Der Teufel lachte, daß ihm der Bauch wackelte. Und draußen fliegen die kleinen Glassplitter bis heute in der Luft herum.«

Liebe Gemeinde!

Märchen erzählen uns nie etwas, was einmal wirklich passiert ist. Aber dennoch steckt in ihnen eine Wahrheit.

In diesem Märchen vom Teufelsspiegel scheint mir eine doppelte Wahrheit zu liegen.

Einmal meint die Geschichte wohl, daß jeder Mensch ein Stückchen von diesem Teufelsspiegel im Auge hat. Jeder steht in der Gefahr, die Wahrheit zu verzerren.

Und zweitens sagt das Märchen: Wir können uns nicht einmal aus eigener Kraft davon befreien. Dafür sorgt das Böse selbst. Wir sind blind für den Splitter im eigenen Auge.

Sie werden sich jetzt vielleicht fragen, warum erzählt er dieses Märchen, diese Spiegelgeschichten, heute in seiner Predigt? Nun, ich frage mich oft: Wie können wir so miteinander umgehen, daß wir das Bild des anderen Menschen nicht verzerren? Daß wir nicht ständig mit einem Zerrspiegel herumlaufen?

Ich fand im Neuen Testament einen Satz, da wird Christus »der Spiegel Gottes« genannt.

Am Anfang des Hebräerbriefes steht diese Formulierung: »Gott hat zu uns durch seinen Sohn geredet, der ein Abbild – ein Spiegel – seines Wesens ist.«

Das ist ein eigenartiges und schönes Bild für Christus: ER ein Spiegelbild Gottes.

Ich stelle mir Christus vor und schaue ihn an.

Ich sehe, wie ER auf die Menschen in seiner Umgebung zugeht. Z. B. auf kranke Leute, die man längst abgeschrieben hatte. Krankheit galt als Fluch und Strafe Gottes.

Christus heilte und schenkte ihnen den Glauben wieder.

Dann sehe ich ihn im Hause des Zachäus, des verhaßten Steuereintreibers, am Tisch sitzen. Warum tut er das? Weil er ihn mit den Augen Gottes ansieht! Dann sehe ich ihn schweigend vor der Ehebrecherin seine Kreise in den Sand malen. »Wer wirft den ersten Stein?« fragt er die Pharisäer. Warum beschützt er sie?

Ich sehe ihn bei den Unmündigen und Kindern sitzen: »Keins von ihnen soll verloren gehen!«

So sehe ich ihn auf mich zukommen und höre ihn zu mir sagen: Auch dich habe ich erwählt.

Warum spricht er so?

Warum handelt er so?

Ich denke, daß Christus in den Menschen, in uns, etwas sieht, was wir vergessen haben: nämlich, daß wir nicht nur Mütter und Väter sind oder Töchter und Söhne, Rentner oder Berufstätige, Menschen mit guten oder bösen Eigenschaften, sondern noch viel mehr: nämlich Geschöpfe Gottes, jeder ein Bild Gottes. Von ihm einmalig geschaffen, wertgeachtet, geliebt.

Angewiesen auf seine Liebe, auf sein Wort und seine Vergebung. Christus sieht uns Menschen mit den Augen der göttlichen Liebe – das ist sein Geheimnis.

So wird er zum Spiegel Gottes.

Aber auch dieser Spiegel zerbrach. Der Spiegel, den Gott gemacht hatte, um uns zu helfen, zerbrach, als Christus gekreuzigt wurde. Dennoch begann damit eigentlich erst das Wunder. Denn die Splitter des Gottesspiegels flogen kreuz und quer durch die Welt – und seine Wirkung wuchs. Und wo sich heute auch nur ein Splitterchen dieses Spiegels bei uns festsetzt, da lernen auch wir die Menschen so zu sehen, wie Jesus sie gesehen hat.

Natürlich übersehen wir nicht das Böse und Gemeine und Gewalttätige in unserer Welt.

Aber wir glauben daran, daß Gott das Böse in uns und in anderen Menschen überwinden kann durch seine Liebe.

Zum Schluß daher eine Bitte an Sie alle:

Jeder von uns wird in dieser Woche vielen Menschen begegnen. Ich möchte Sie bitten, denken Sie dann an die beiden Spiegel – den Teufelsspiegel und den Gottesspiegel.

Wem wir da auch begegnen:

dem alten Mann im Rollstuhl, der streitsüchtigen Dame von nebenan, dem Jugendlichen in der Lederjacke, dem Türkenkind, dem angesehenen Geschäftsmann oder dem betrunkenen Landstreicher – und natürlich denen, die täglich bei uns sind, sie alle laßt uns nicht durch das Zerrbild unserer Erfahrungen und schnellen Urteile sehen, sondern im Spiegel Jesu Christi. Jeder von ihnen – trotz aller Eigenarten, Bosheiten und Schwächen – jeder ist ein von Gott geliebter Mensch, wie Du und ich.

Fest- und Gedenktage

Weihnachten

Der König, der anders sein wollte

Jörg Rothermundt

Letzte Woche sagte unsere jüngste Tochter: »Warum dauert es denn noch so lange bis Weihnachten? Ich möchte, daß es schon morgen ist!« Ich dagegen dachte: »Bin ich froh, daß es noch drei Wochen sind! Ich weiß so schon nicht, wie ich mit allem fertig werden soll.« Und dabei bin ich mir gar nicht sicher, ob ich mit allem, was ich da noch zu tun habe, meinen Kindern, meiner Frau, mir und anderen Leuten wirklich helfe, Advent und Weihnachten zu feiern. Ich denke, daß auch Sie die Frage beschäftigt, wie Sie diese Adventszeit so gestalten können, daß Ihre Kinder sich über Advent und Weihnachten freuen können.

Viele Väter sind in dieser Zeit besonders stark beschäftigt, weil so viele Aufträge zu erledigen sind. Alles soll vor Weihnachten fertig werden. Sie kommen später als sonst nach Hause, und so bleibt das, was die Familie angeht, noch mehr an den Müttern hängen. Viele Mütter haben sich vorgenommen, das Haus blitzblank zu putzen, damit es so richtig festlich wird. Aber sie werden nicht richtig verstanden. Die Kinder ärgern sich, daß sie die Schuhe schon an der Glastüre ausziehen müssen. Die Stimmung wird gar nicht festlich, sondern gedrückt, weil alle enttäuscht sind. Auch die Kinder finden nicht von selbst zur Freude. In vielen Familien gibt es Adventskalender, an denen sie jeden Tag ein Türchen öffnen und eine Süßigkeit in Empfang nehmen dürfen. Die Kinder freuen sich darauf, öffnen das Türchen begierig, aber nicht selten führt es zu Streit: »Der Hans hat ein größeres Stück Schokolade als ich!« Es ist gar nicht einfach, Advent zu feiern.

Kürzlich habe ich ein Märchen gelesen, das uns da vielleicht ein wenig weiterhelfen kann: Es war einmal ein König, der anders sein wollte als andere Könige. Am Tag seiner Krönung sagte er zu seinen Hofräten: »Ich möchte nichts anderes sein als meine Untertanen. Ich möchte wohnen wie sie und essen, was sie essen. Jedermann soll zu mir kommen, wann er will, und ich möchte mit allen freundlich reden.« Da sagten die Hofräte: »Majestät, das geht nicht. Wenn jedermann jederzeit zu Dir kommen kann, dann werden sie keinen Respekt vor Dir haben. Und wenn Du mit allen freundlich reden willst, dann werden sich die Räuber und Betrüger freuen. Nein, Du mußt unnahbar sein, die

Anständigen loben und die Bösen bestrafen.« Der König nahm sich das zu Herzen und die Hofräte bestimmten von nun an, wer vorgelassen wurde. Wenn ein Schuster kam, dann hieß es: »Was, Du bist bloß ein Schuster? Du bist zu gering, um vor dem Angesicht des Königs zu erscheinen.« Ein anderer wollte den König um Hilfe für seine kranke Familie bitten. Zu ihm sagten die Hofräte: »Hast Du eine Ahnung! Der König hat sich mit anderen Dingen zu beschäftigen als mit solchen Kleinigkeiten.« Wenn schließlich einer vorgelassen wurde, dann mußte er durch so lange Gänge und so große, goldene Säle, daß er immer kleiner wurde, und wenn er endlich vor dem König stand, dann brachte er kein Wort heraus.

Eines Tages sagte der König zu sich selbst: »So geht es nicht weiter!« Er ließ sich die Kleider eines einfachen Bauern bringen, zog sie an und verschwand heimlich aus dem Schloß. Als am nächsten Morgen bemerkt wurde, daß der König weg war, wollten es die Hofräte verbergen und so tun, als sei nichts geschehen. Aber bald sagte man im Volk: »Der König ist unter uns.« Es hieß, er sei in einer Wirtschaft aufgetaucht und habe mit einfachen Leuten gegessen und getrunken. Andere erzählten, er habe einer Familie in ihrem Dorf geholfen. Die Hofräte sandten Boten aus, aber die fanden den König nicht. Nur das Volk, das ihn liebte, konnte den König in seinem einfachen Gewand erkennen.

Wie mit dem König in diesem Märchen, so war es mit Jesus. »Siehe, Dein König kommt zu Dir«, heißt es in der Bibel. »Siehe, Dein König kommt zu Dir, arm und reitet auf einem Esel wie die einfachen Leute. Siehe, Dein König kommt zu Dir, ein Gerechter und ein Helfer.«

Vielleicht könnten Sie in den kommenden Tagen abends vor dem Schlafengehen Ihren Kindern dieses Märchen erzählen; und dann die Geschichten, wie Jesus, der Königssohn, der Gottessohn im Stall geboren wurde und wie er nicht in einem Schloß saß, sondern zu den Menschen hinging. Unsere Kinder sind ja sehr begierig auf Geschichten und sie würden instinktiv merken, daß die Mutter oder der Vater etwas Ähnliches tut wie der König, wenn sie sich zu den Kindern setzen und in ihrer Sprache mit ihnen reden. Vielleicht könnten Sie dann zusammen mit den Kindern einen Besuch machen bei einer alleinstehenden Nachbarin, mit einer Kerze und einem Adventslied, und dann wären auch die Kinder Boten des Königs, der zu uns kommt.

(Adventselternabend im Kindergarten)

Der Jakobsstern

Klaus Zillessen **Kolosser 2, 2f.**

Einer unter den unzähligen Sternen am Himmel, einer aus purem Gold, war
der Jakobsstern. Wenn er nachts vom Himmel herabschaute und sah, wie
die Menschen drunten auf der Erde Haß säten, Böses planten, auf Vergeltung
sannen und Kriege vorbereiteten, dann war er todtraurig. Eines Tages ertrug
er all den Unfrieden nicht mehr. Er zersprang in lauter einzelne Stücke.
Die goldenen Scherben des zersprungenen Sterns waren auf die Erde nieder-
gefallen, weit verstreut in alle Himmelsrichtungen.
Eine junge Frau in Nazareth fand staunend eines der Stücke und fügte es
ihrem Brautschatz zu.
Ein Gastwirt aus Bethlehem in Juda fand ein anderes der goldenen Stücke
und dachte: »Ich muß die Augen offen halten. Wenn ich noch zwei oder drei
davon auftreiben kann, dann reicht es, daraus ein prächtiges Wirtshausschild
schmieden zu lassen.«
Ein Schäfer draußen in der Steppe Judas fand im Distelgestrüpp die dritte
goldene Scherbe. Nachts am Hirtenfeuer nähte er den unerklärlichen Schatz
in sein Lederwams ein. Aber ein anderer Hirte hatte das beobachtet. Er stahl
seinem Genossen das seltsam gezackte Metall bei nächster Gelegenheit und
versteckte es tief unten in seiner Hirtentasche.
Fern im Morgenland hatte ein Philosoph bei seinen Spaziergängen, auf denen
er darüber nachzudenken pflegte, was der Mensch und wer er selbst sei, ein
viertes Bruchstück des blinkenden Metalls gefunden. Er hob es auf, betrachtete es sinnend, rieb es am Ärmel seines Gewandes, so daß es zu glänzen
und spiegeln begann. Er schaute hinein, sah seine Gesichtszüge sich spiegeln, sich wandeln, zerfließen und wieder zusammenfügen. Er steckte den
Fund in die Tasche. Und immer wieder, wenn er allein war, schaute er hinein
und hoffte, der Selbsterkenntnis durch diesen wunderbaren Spiegel näher zu
kommen.
Ein gelehrter Forscher drunten im Süden fand das fünfte Bruchstück des Jakobsstern. Jahrzehntelang hatte er nach dem Stein der Weisen gesucht und
sich mit den Künsten der Alchemie befaßt. Konnte ihm die gefundene Scherbe
helfen, dem Geheimnis der Goldmacherei auf die Spur zu kommen?
Auch ein Einsiedler in der Wüste fand eine Scherbe des zersprungenen
Sterns und ahnte, daß dies nur ein Teil eines Ganzen sei. Sehnsucht erfaßte
ihn, der Ganzheit der Dinge auf die Spur zu kommen.
»Es begab sich aber zu der Zeit, daß ein Gebot vom Kaiser Augustus ausging,
daß alle Welt geschätzt würde. Und jedermann ging, daß er sich schätzen

ließe. Da machte sich auf auch Josef aus Galiläa, aus der Stadt Nazareth in das jüdische Land zur Stadt Davids, die da heißt Bethlehem, weil er aus dem Hause und Geschlechte Davids war, damit er sich schätzen ließe mit Maria, seinem vertrauten Weibe. Die war schwanger. Und als sie dort waren, kam die Zeit, daß sie gebären sollte. Und sie gebar ihren ersten Sohn und wickelte ihn in Windeln und legte ihn in eine Krippe. Denn sie hatten sonst keinen Raum in der Herberge.«

Der Wirt jener armseligen Herberge war nicht erfreut. Die Entbindung einer Fremden in seinem Haus – das konnte nur Scherereien bedeuten. Eigentlich war er in den Stall gegangen, um die Frau und den Alten weiterzuschicken. Aber noch ehe er etwas sagen konnte, hielt ihm die junge Frau bittend ein Goldstück hin, das dem, welches der Wirt einmal gefunden hatte, so ähnlich schien. Er glaubte, der Erfüllung seiner ehrgeizigen Pläne jetzt ganz nahe zu sein und wollte nach dem Goldstück greifen. Da hörte er das Neugeborene leise weinen. Er schämte sich und mit einer verlegenen Geste deutete er der jungen Frau an, sie könne ihr Goldstück behalten. Bei nächster Gelegenheit suchte er den Stall unter irgend einem Vorwand noch einmal auf und ließ sein eigenes Goldstück, das er einmal gefunden hatte, auf der Decke des Neugeborenen zurück.

An der Stelle des Himmels aber, wo einmal der Jakobsstern gestanden hatte, ging ein winziges Licht neu auf.

Bald danach öffnete sich die Tür des Stalles. Zwei Hirten kamen herein. Unerklärliche Hoffnung und Neugier auf das Kind, von dem man ihnen erzählt hatte, trieb sie her. Der eine der beiden sah dem Kind in die Augen, dann nestelte er an seinem Lederwams. Er wollte dem Kind das Goldstück schenken, das er einmal gefunden hatte. Erschrecken und Enttäuschung gingen über sein Gesicht: sein Schatz war verschwunden. Der andere Hirte sah ihn kurz an, Röte stieg in sein Gesicht, und mit einem Blick, der um Verzeihung und Einverständnis bat, grub er aus der Tiefe seiner Hirtentasche das vermißte Stück aus und legte es dem Kind in die Krippe. Draußen am Himmel aber wurde der Stern, den man schon verloren geglaubt hatte, heller und heller.

Der Philosoph, der Einsiedler und der Alchemist hatten ihn entdeckt und sich voller Ahnung auf den Weg gemacht, dem heller werdenden Stern nach. Seltsam erinnerte sie dieses Gestirn an ihre Funde.

Unterwegs hatten die drei sich getroffen. Sie sprachen von dem rätselhaften Stern, und als sie vertrauter miteinander geworden waren, auch von ihren Fundstücken. Jeder von ihnen ahnte, daß ein Zusammenhang bestehen mußte zwischen dem Spiegel des einen, dem Gold des andern und dem Bruchstück des Dritten, und jeder versuchte, dem andern seinen Schatz abzukaufen; doch keiner wollte sich von dem trennen, was die Erfüllung seines Sinnens, Forschens und Nachdenkens versprach.

So standen sie schließlich vor der Hütte, über der der Stern stand, dem sie gefolgt waren. Sie gingen hinein. Sie fanden ein Kind, das ihnen fragend und unergründlich wissend in die Augen sah.

Da nahm der Philosoph seinen kleinen Spiegel aus dem samtgefütterten Kästchen, der Alchemist sein Gold und der Dritte das wunderbar blinkende Bruchstück, das Teile eines verlorenen Ganzen war, und legten all dies dem Kind zu Füßen. Das Kind schien zu lächeln.

Der Stern draußen aber strahlte voll auf, und als die Hirten, die drei Weisen, der Wirt – und für einen Augenblick auch die Mutter – aus der Hütte traten und das Gestirn in seiner vollkommenen, leuchtenden Herrlichkeit sahen, wußten sie: Wenn wir dem Kind nur vertrauten und ihm uns schenkten, hätten wir Frieden, Frieden auf Erden ... Und nie verspürte Freude erfüllte sie.

Davids Hirtenflöte

Klaus Zillessen   **Jesaja 11, 1f; Micha 5, 1 bzw. Sacharia 9, 9**

Zu Beginn, zwischendurch und am Schluß können (mit Flötenregistern der Orgel oder mit Blockflöte und Begleitung) Variationen zu »Ich steh an deiner Krippen hier« gespielt werden. Charakter der Variationen: Hirtenruf – Marsch – Tanz – Kinderlied – Choral. Die Noten können bei Dekan Klaus Zillessen, 7890 Waldshut, Waldtorstr. 5, angefordert werden.

1. Variation (Hirtenflöte)
David hat sie sich geschnitzt, die Hirtenflöte, damals, als er noch die Schafe seines Vaters Isai zu hüten hatte, er, der Jüngste, draußen in der Steppe, wo man noch Zeit hatte zum Träumen und Nachdenken, zum Singen und Flöteblasen, zum Liedermachen, zum Zwiegespräch mit sich selbst und mit Gott.
»Ich bin der Hirte meiner Schafe, Du, Gott, aber bist *mein* Hirte. Gut gehts mir: Du weidest mich auf grünen Auen; zu erquickenden Wassern leitest du mich. Du wirst mich rechte Wege führen. Und wenns auch durch dunkle, bedrohliche Schluchten geht, –, du, mein Gott, bist bei mir, wendest Tod und Unheil ab. –Irgendwann einmal werde ich wieder zu Hause sein an reich gedecktem Tisch, für immer.«
So sang David, und spielte seine Hirtenflöte, die er sich aus dem Holz eines alten Ölbaumes geschnitzt hatte.
(Die letzten Takte der Hirtenmusik werden noch einmal gespielt)
Monate vergingen: Vieles war anders gekommen, als er sich damals erträumt hatte. Der König hatte zu den Waffen gerufen, seine Brüder waren im Feld; unbarmherzig ging der Krieg übers Land; man sah die Spuren: verbrannte

Hütten, verwüstete Weinberge, Boten brachten die Nachricht, daß ein Bruder im Kampf gefallen war und nie wieder nach Hause zurückkehren werde.

David selbst war noch zu jung zum Kriegsdienst, aber dann und wann hatte er Schafskäse, Felle und Hammelfleisch in das Heerlager des Königs bringen müssen.

Das Leben, das er dort sah, befremdete ihn, das laute Prahlen der Soldaten, mit der die Angst vor dem Tod getarnt wurde, Roheiten, die für Heldentaten ausgegeben wurden. Was ihm bisher als Diebstahl gegolten hatte, hieß hier stolz »Beutemachen«. Und statt stiller Selbstgespräche und sanfter Flötenmusik gab es jetzt Marschlieder. Aber David wollte nicht Spielverderber sein und abseits stehen. Irgendwann einmal zog er seine Hirtenflöte aus der Tasche und pfiff die Marschmusik zu dem Stampfen der Soldaten mit.

2. Variation (Marsch)

Die Flöte allerdings klang anders als sonst: bald klang sie schrill und gellend, daß es einem über den Rücken lief, dann wieder heiser. Aber was bedeutete das schon! Das Erschrecken und die leise Trauer darüber ließ sich vergessen. Man war mit dabei, es gab aufregende Dinge: Kampf, nächtliche Überfälle, Beutemachen, Würfelspiele und: Erfolg. David hatte Erfolg, als listiger Kämpfer, dann als vielseits gewandter Höfling am Hof König Sauls; man feierte David als Volkshelden, er wurde Vertrauter des Königs, geliebt vom Königssohn, bewundert von den Frauen, – und eines Tages hatte man ihn zum König bestimmt! –

Als er seine Hochzeit feierte – vielleicht war er schon ein bißchen berauscht – da hatte er auf seiner alten Hirtenflöte, die er noch immer wie einen Talisman an einem Lederbändchen um den Hals trug, die Tänze der Musikanten übermütig mitzuspielen versucht. Seltsam fremd, fast lächerlich, klang seine alte Hirtenweise jetzt.

3. Variation (Tanz)

David verlor die Lust an der alten Flöte. Er warf sie zum offenen Fenster hinaus den Kindern zu, die zum Betteln und Gaffen sich draußen versammelt hatten. Erst gab es ein wildes Geraufe um die königliche Gabe. Als aber die größeren Burschen merkten, daß es scheinbar nur um ein kindisches Musikinstrument ging, das nichts außer ein paar schrillen Pfiffen von sich gab, warfen sie es achtlos weg. – Ein kleines Mädchen hob das verschmähte Geschenk auf, und probierte an einem heimlichen Platz, dem Flötchen Töne zu entlocken. Traurig süß klang die Melodie.

4. Variation (Kinderlied)

Dem kleinen Mädchen wurde die Flöte zum Liebsten, was es besaß; und als es selbst erwachsen und Mutter geworden war, schenkte sie das Instrumentchen, das einmal dem berühmten König David gehört hatte, ihrem ältesten Töchterchen. Einige Generationen lang wurde das unscheinbare Kinderspielzeug der nächsten Generation weitergegeben als kostbare, ein wenig sentimentale Erinnerung. –

Irgendwann aber – war es in den Kriegswirren als die Babylonier Jerusalem erobert hatten, Frauen und Kinder mit den Männern als Gefangene verschleppt worden waren? – da muß das Flötchen von den Flüchtenden wohl verloren oder als unnötiger Ballast weggeworfen worden sein.

Viele, viele Jahre jedenfalls lag es verstummt und vergessen in einer Höhle, in der man auf dem Weg in die Gefangenschaft übernachtet hatte.

Ein Schafhirte, der sich mit seinen Tieren weiter als sonst von seinen Weideplätzen entfernt hatte, fand das alte Flötchen. Zunächst hielt er es für ein Stück Holz, das ihm als Brennmaterial für sein Hirtenfeuer dienen konnte. Dann entdeckte er die Löcher und das Mundstück; er sah, daß dies einmal eine Hirtenflöte gewesen sein mußte und ahnte, daß es mit diesem Instrument eine besondere Bewandtnis habe.

Er versuchte, darauf zu spielen – aber das Flötchen gab nur noch ein paar hauchende, zischende Geräusche von sich.

Er steckte es in die Tasche. Vielleicht würde er einmal versuchen, mit geschickten Messerschnitten, die Flöte wieder spielbar zu machen. –

Die Nacht danach war jene, in der die Klarheit des Herren die Hirten umleuchtet hatte.

Ein Engel war zu ihnen getreten, und sie hatten die Botschaft gehört:

»Fürchtet euch nicht!
Ich verkündige euch große Freude;
euch und allen ist heute der Heiland geboren,
Christus, der Herr, der *rechte* David:
nicht reich, blutig und machthungrig,
sondern arm, friedenschenkend.
Den Armen wird er gerecht werden.
In der Davidstadt Bethlehem werdet ihr ihn finden,
ein Kind, in Windeln gewickelt, in einer Futterkrippe. Ehre sei Gott in der Höhe und endlich,
endlich Friede auf Erden!«

Die Hirten hatten sich auf den Weg gemacht, um den zu finden, der alle Hoffnung erfüllen würde.

Sie kamen und fanden. Staunend betrachteten sie das Kind in der Krippe, einer von ihnen aber zog verlegen das alte Hirtenflötchen aus der Tasche. Er kniete nieder:

»Werde du mein guter Hirte – bring Frieden auf Erden uns und allen!«
Er setzte das Flötchen, das einmal von Kriegsgeschrei und Trunkenheit stumm geworden war, an den Mund, blies hinein – und wunderbar klar und rein erklang das Lied.

(Choral)
Und wer recht sucht, findet vielleicht auch jenes alte Hirtenflötchen wieder und kann dann dem Kind in der Krippe sein Lied singen, voller Hoffnung.

Der Baum in Jesses Garten

Martin Schindehütte

Die große geschmückte Wurzel, liebe Kinder, liebe Gemeinde, hat mich dazu angeregt, mir für Euch eine Geschichte auszudenken. Eine Geschichte, die ich frei erfunden habe und die doch ganz wahr ist. Sie heißt: »Der Baum in Jesses Garten«:

»Da stimmt doch was nicht!« Das hatte Jesse schon am Abend zuvor gedacht, als er den Baum in seinem Garten betrachtete. Schon da waren seine Blätter etwas welk gewesen und begannen, sich zusammenzurollen. »Da stimmt doch was nicht! Was ist nur um Himmels willen los!« Erschrocken stand Jesse an diesem Morgen in seinem Garten und sah, was passiert war. Der Baum hatte alle seine Blüten und all seine Blätter verloren – über Nacht. Dabei war doch noch Frühjahr. Jesse war erschüttert und in großer Sorge. Denn an diesem Baum hing sein Herz. Ja, er liebte diesen Baum wie sich selbst. Und das war kein Wunder. Denn diesen Baum hatte ihm der Vater gepflanzt, damals vor 33 Jahren, als Jesse geboren wurde. Und sobald Jesse verständig genug war, hatte sein Vater erzählt, warum. Wie oft hatte Jesse die Geschichte nun schon gehört und oft nun auch schon seinen Kindern weitererzählt. Im Schatten des Baumes ließ sich gut erzählen.

»Weißt du«, begann der Vater immer, »das war so: Wir saßen bei unserer Herde um das Lagerfeuer. Es war unheimlich dunkel in dieser Nacht und seltsam still. Wir waren ganz beklommen, keiner sagte etwas. Wir hatten sogar ein bißchen Angst. Dabei waren wir doch erwachsene Männer. In der Ferne heulte manchmal ein Wolf, einer von den gefährlichen Einzelgängern, den das Rudel weggebissen hat. Ich weiß noch genau, was mir damals durch den Kopf ging: So wie dem Wolf gehts uns auch. Nicht mal das Rudel Wölfe duldet uns. Das

Leben ist ein einziges Beißen und Wegbeißen, ein ständiger Kampf um Rang und Führung im Rudel. Und wir, wir Hirten draußen vor der Stadt, wir haben den Kampf verloren. Wir können froh sein, wenn sie uns nicht noch ein paar Schafe reißen. Meine Gedanken machten mich sehr traurig in jener Nacht. Doch dann war da plötzlich dieser helle Glanz. Ganz geblendet waren wir. Wir hörten die Stimme, eine helle, warme, wunderschöne Stimme: »Fürchtet euch nicht! Siehe, ich verkündige euch große Freude, die allem Volke widerfahren wird. Denn euch ist heute der Heiland geboren, welcher ist Christus, der Herr, in der Stadt Davids. Und das habt zum Zeichen: ihr werdet finden das Kind in Windeln gewickelt und in einer Krippe liegen.« Mein Leben lang werde ich diese Worte nicht vergessen. Und auch den Gesang habe ich immer noch im Ohr. So etwas Schönes habe ich nie wieder gehört: »Ehre sei Gott in der Höhe und Friede auf Erden bei den Menschen seines Wohlgefallens.« Ja, durchfuhr es mich damals: Jetzt ist Frieden, jetzt wird alles gut, jetzt wird kein Wolf mehr um die Herde heulen! – Aber dann war alles vorbei. Es war wieder dunkel. Alles schien wie vorher. Was nun? Hatten wir nur geträumt? Wir schauten uns ungläubig an. – »In Bethlehem muß es sein, in unserer Stadt, bei uns zu Hause!«, rief einer, und wir rannten los. Tatsächlich, wir fanden sie, am Rand der Stadt, in einem alten Stall, zwischen Ochs und Esel. Wir fanden sie, das Kind, die Mutter, den Vater. Doch was für eine Armut! Die hatten noch weniger als wir. Aus Galiläa seien sie, hoch aus dem Norden, sagten sie uns, wegen der Steuerschätzung seien sie gekommen, sie hätten nicht gewußt, wohin. Ich konnte es zunächst nicht glauben: Das soll der Heiland sein, der, der das ganze Land, die ganze Welt heil machen soll? Nein, dachte ich, so doch nicht! Aber da fiel mir das Wort unseres großen Propheten ein: »Es wird ein Reis hervorgehen aus dem abgehauenen Stamm Isais und ein Zweig aus seiner Wurzel Frucht bringen.« Da verstand ich. Ja, so ist es. Wir kommen uns wirklich manchmal vor wie der Stumpf eines abgehauenen Baumes und denken: Nun ist alles aus. Aber ganz klein beginnt es wieder, das neue Leben, ganz zart und verletzlich. Und doch wächst daraus der Friede für alle Völker. Ja, Jesse, ein paar Wochen später bist du dann geboren worden. So habe ich dich Jesaja genannt, nach dem großen Propheten. Jesaja heißt du, auch wenn dich alle »Jesse« rufen. Und diesen Baum, unter dem wir jetzt sitzen, habe ich gepflanzt, damit ich, damit du und später deine Kinder nichts vergessen und immer sehen können: Seit das Kind da ist, wissen wir, wie Friede werden, wachsen und blühen kann.«

Ach ja, der Vater, dachte Jesse, – und es war ihm, als habe er ihm die Geschichte gerade noch einmal erzählt, obwohl er doch schon vor vielen Jahren gestorben war – ach ja, der Vater, wenn er doch auch noch erlebt hätte, was in den letzten drei Jahren geschehen ist! Wenn er dem Mann noch begegnet wäre, der aus diesem Kind geworden ist. Jesus heißt er. Wer ihm begegnet, der erlebt diesen Frieden. Soviel Güte, soviel Freude, soviel Kraft, soviel Mut, soviel Hoffnung, soviel Liebe wie bei ihm haben die Menschen noch nie erlebt. Kranke waren gesund geworden durch seine Nähe. Streitende hatten sich versöhnt durch seine verletzliche Offenheit. Geizkragen hatten ihr Geld verschenkt, weil er ihnen unendlich viel Wertvolleres geben konnte. Traurige wurden wieder fröhlich, weil seine Freude sie ansteckte. Mutlose begannen wieder zu hoffen, weil er so mutig aussprach, was unehrlich und ungerecht war. Ja, sogar Tote waren wieder aufgestanden, weil er so lebendig war.

Es schnitt Jesse mitten durchs Herz, als er nun seinen Baum sah, kahl und tot. »Was ist nur passiert!« rief Jesse und rannte auf die Straße. »Mein Baum, mein schöner Baum!« Ein Fremder kam ihm entgegen. Jesse sah sofort: Der war ebenso aufgeregt und verzweifelt wie er selbst. »Was denkst du jetzt an deinen Baum! Hast du noch nicht gehört: Sie haben Jesus gefangengenommen, oben in Jerusalem. Sie sitzen schon zu Gericht. Sie werden ihn wohl noch heute nachmittag ans Kreuz schlagen.« Jesse war wie betäubt. Darum also stand sein Baum kahl? Langsam, mit schweren Schritten ging er ins Haus zurück. Stumm setzte er sich in einen stillen Winkel. Er sah und hörte nichts mehr. Er merkte auch nicht, als es viel zu früh dunkel wurde. Er hörte nicht die angstvollen Rufe der Menschen. Selbst als die Erde erbebte und die Schüsseln aus den Regalen polterten, rührte er sich nicht. Aber als er das Holz splittern hörte, da zuckte er zusammen. Dann löste er sich aus seiner Erstarrung. Als hätte er schwere Gewichte auf seinen Schultern, ging er hinaus in den Garten. Er sah, was er schon wußte. Das Erdbeben hatte seinen Baum abgeknickt. Nur der gesplitterte Stumpf ragte noch auf. Jesse wußte, was geschehen war, oben in Jerusalem. Niemand brauchte es ihm zu sagen. Jesse kam es vor, als sei er selbst zerbrochen worden. Jesus war tot. Sein Baum auch. Und Jesse? – Er auch?

Jesse sank neben seinem Baum in die Knie und weinte, die ganze Nacht, den ganzen nächsten Tag und noch eine ganze Nacht. Niemand konnte ihn trösten, seine Frau nicht, und auch nicht seine Kinder. Er hörte sie gar nicht. Er durchlebte eine Finsternis viel schlimmer als die seines Vaters, damals bei den Hürden auf dem Felde, bevor das Licht vom Himmel kam und die Stimme und der Gesang.

Doch als nach der zweiten Nacht die Sonne aufging und Jesse aus seiner dumpfen Trauer mit tränennassen Augen aufblickt, drang ein Freudenschrei aus seinem Innersten heraus. Was sah er? Der abgeknickte Baum war über und über mit weißen Blüten übersät und an dem Stumpf – er entdeckte ihn erst beim zweiten Hinsehen – an dem Stumpf kam ein kleiner Trieb heraus, kaum mehr als eine Knospe. Da wußte Jesse: Der Prophet hatte recht. Sein Vater hatte recht. Diesen Frieden, von dem der Engel gesprochen, den Jesus gelebt hatte, diesen Frieden Gottes unter den Menschen, diesen Frieden kann niemand mehr zerstören. Und wenn sie die Pflänzchen des Friedens noch tausendmal abknicken oder umhauen, und wenn Menschen auch in Zukunft so weinen müssen wie er, dieser Friede lebt und wächst und erblüht. »Das will ich glauben. So will ich leben. Dafür will ich mutig kämpfen. Das sollen Menschen an mir erleben. Das will ich meinen Kindern erzählen und sie ihren, immer wenn wir unter dem Baum sitzen, der jetzt neu wächst und wieder blühen wird.«

Jesses noch feuchte Augen strahlten. Er rannte aus seinem Garten und tanzte auf der Straße. Und als ihm der Fremde wieder entgegen kam aus Jerusalem, da brauchte er gar nichts mehr zu erzählen. Jesse wußte schon alles.

(In der Kirche war während der Advents- und Weihnachtstage eine große trockene Baumwurzel aufgestellt, die von den Mitarbeitern der Gemeinde im Rahmen ihrer Adventsfeier mit Blumen, Gräsern, Strohsternen, Kerzen u.a. geschmückt worden war.)

Der Hirte, der zu spät kam

Richard Hilge

Sein Vater hatte es ihm schon oft prophezeit. Wenn er als Kind seine Eltern mal belog, – und vielleicht passierte ihm das häufiger als seinen Geschwistern – dann sagte sein Vater im Zorn: »Mach nur so weiter, aus Dir wird bestimmt mal ein tüchtiger Hirte. Gut lügen kannst Du ja heute schon.« Der Spott seines Vaters tat ihm jedesmal weh.

Eines Tages würde er es seinem Vater aber schon zeigen. Das hatte er sich fest vorgenommen. Niemals würde er ein Hirte werden, bei Wind und Wetter draußen sein oder in Höhlen übernachten müssen. – Und doch war es am Ende so gekommen, als sei er nun einmal zum Hirten bestimmt. Er hatte sich oft gegen dieses Schicksal gewehrt. Zuletzt hatte er sich sogar bei den Zeloten beworben. Aber auch hier wurde er abgelehnt. Als Hirte sei er nicht zuverlässig genug.

Tief gekränkt kehrte er damals wieder zu seiner Herde zurück. An manchen Tagen haßte er sogar die Schafe, so unzufrieden war er dann mit sich selbst. In den Nächten aber lag er lange wach. – Bei seiner Geburt hatten sie ihn Elieser genannt, »mein Gott ist Hilfe«. Als Kind gefiel ihm dieser Name auch noch gut. Aber je älter er wurde, desto weniger konnte er mit seinem eigenen Namen anfangen. »Er paßt nicht zu mir«, sagte er sich oft, »denn mein Gott hilft mir auch nicht. Es ist, als hätte er sich gegen mich verschworen.«

So fühlte er sich auch in jener Nacht, als am Himmel ein helles Licht erschien. Elieser verkroch sich zunächst in seine Höhle. Doch nach einiger Zeit kam er zögernd wieder heraus, sah lange zum Himmel und staunte. Und er spürte, wie seine Verbitterung allmählich wich. Ganz allein stand er da. Als die anderen Hirten ihn am nächsten Morgen zwischen seinen Schafen weckten, war das Licht am Himmel verschwunden. Sie erzählten ihm aufgeregt, was sie in Bethlehem gesehen hatten, und sie seien ganz gewiß, daß dieses Kind später einmal vielen helfen werde. – Elieser hörte ihnen aufmerksam zu.

In der folgenden Nacht ließ er seine Schafe zum ersten Mal allein. Heimlich ging er nach Bethlehem. Rings um ihn war finstere Nacht, aber seine kleine Laterne zeigte ihm den Weg. Und er fand auch den Stall, so wie die anderen Hirten ihn beschrieben hatten. Aber wie enttäuscht war er, als er vorsichtig die Tür öffnete: Alles war dunkel und leer. Sie müssen sich schlafen gelegt haben, dachte er, und er suchte im Stroh. Aber alles Suchen war umsonst. Elieser fühlte sich lange Zeit wie gelähmt. »Ich habe ihn verpaßt«, sagte er immer wieder, »ich bin zu spät gekommen.«

Müde kehrte er schließlich im Morgengrauen wieder zurück. Ein alter Hirte hatte ihn kommen sehen, und er setzte sich zu Elieser in die Höhle. »Bist Du enttäuscht?« fragte der Alte nach einiger Zeit. Elieser nickte. »Ich weiß auch nicht warum«, sagte er dann, »aber als Du von dem Kind erzähltest, bekam ich plötzlich wieder Hoffnung. Ich möchte nicht mein Leben lang ein Hirte bleiben. Ich möchte wie jeder andere Mensch dazugehören. Aber ich schaffe es nicht. Es ist, als käme ich überall zu spät.« – »Und was hast Du selbst in jener Nacht erlebt?« fragte ihn der Alte. Elieser hatte es schon fast wieder vergessen. Doch dann erzählte er von dem wunderbaren Licht und wie alle Verbitterung von ihm abgefallen war. Jahre vergingen, und der alte Hirte redete noch oft mit Elieser über alle diese Dinge. »Ich glaube nicht«, sagte er manchmal, »daß Du damals wirklich etwas verpaßt hast. Das Licht hat Dich auf eine andere Weise berührt. Und Du wirst es nie mehr ganz verlieren.« Das hatte Elieser noch von niemanden gehört, daß in seinem Hirtenleben Licht sei. Aber weil der alte Hirte ihn immer wieder darauf hinwies, entdeckte Elieser dieses Licht in seinem Inneren allmählich auch. – Er redete kaum noch davon, daß er kein Hirte mehr sein wollte. Er war zufriedener geworden, so als hätte er sich mit sich selbst versöhnt.

Eines Abends, die Hirten saßen wieder am Feuer zusammen, kam ein Fremder zu ihnen. Er wußte viel zu erzählen. Und so kam er auch auf einen jungen Mann zu sprechen, der im Augenblick sehr umstritten sei. »Er redet so von Gott, daß ihn jeder versteht. Es geht überhaupt ein großes Aufatmen von ihm aus. Daß er sich aber wie ein Freund um die Ausgestoßenen kümmert, das gibt doch viel böses Blut.« Elieser hörte zunächst gespannt zu. Dann aber gingen seine Gedanken weit zurück. Er mußte wieder an das Kind in der Krippe denken. Er hatte sich schon oft gefragt, was wohl aus ihm geworden sei. Und während er noch in Gedanken versunken war, kam ein Hirtenjunge gelaufen und rief, daß eins von Eliesers Schafen fehle. Elieser stand auf und sagte: »Dann werde ich es suchen.« Die anderen Hirten versuchten, ihn zurückzuhalten. »Dir gehören die Schafe doch nicht«, sagten sie, »was ist denn schon eins bei so vielen! Und wenn Dir in der Dunkelheit etwas zustößt, wem ist denn damit geholfen?« –

»Es braucht mich«, sagte Elieser kurz. Dann verschwand er mit seiner kleinen Laterne in der Nacht. Der Fremde sah ihm nach, als hätte er solche Worte schon einmal gehört.

Weihnachtsflucht

Bernhard von Issendorff

Als moderner Mensch hat man wohl das Recht, dem Weihnachtsrummel zu entfliehen, meinen wir wenigstens. Und wenn wir Weihnachtsrummel sagen, dann meinen wir alles, nicht nur den Weihnachtsmann und den Tannenbaum, das Lametta, auch die ganze Gefühlskiste und die Weihnachtsansprache, ob nun vom Präsidenten oder Pastor. Die Weihnachtspost wollten wir ungelesen wegwerfen. Wer uns sonst nicht schreibt, braucht uns auch nicht am Tag der christlichen Liebe zu schreiben, diese Liebe ist uns sauer geworden wie Milch, die zu lange ungenutzt im Kühlschrank stand.

Wir sind also rausgefahren. Den Anblick von Tannenbäumen konnten wir nicht vermeiden. Die ersten Christstollen waren im September in den Supermärkten aufgetaucht, erstes Dekorationsgrün Ende Oktober, und so lange Urlaube können nicht einmal wir uns leisten. Die Bäume und die Lichter, dazu die Lieder vom Band begleiteten uns bis zum Flughafen. Unser Taxi hatte einen kleinen illuminierten Baum am Armaturenbrett, obwohl der Fahrer Moslem war.

Als unsere Maschine auf die Startbahn rollte, da küßten wir uns: So, jetzt ist Weihnachten vorbei! Wenn es wieder Tag wird, scheint die Sonne über Afrikas Ostküste. Statt Weihnachtsmänner werden wir Elefanten fotografieren, und statt Weihnachtsgebäck und Tee werden uns saftige Steaks und gekühlte Longdrinks gereicht. Dieses Fest mit seinem Rummel macht uns ganz krank. Weihnachtsallergie, Emotionsasthma. Kennen Sie das auch?

Aber Sie entkommen diesem Fest nicht, dieses Jesuskind holt Sie schneller ein, als Sie denken können. Es ist wie beim Wettrennen zwischen Hase und Igel, es ist zum Verrücktwerden. Stellen Sie sich vor: Vor der Feriensiedlung haben sie einen Nikolaus aufgestellt: Einen Schwarzen weißgeschminkt und kostümiert, damit wir auf den Anblick nicht verzichten müssen, dem wir entfliehen wollten. Und zur Musikberieselung gehört natürlich Frank Sinatra »White Christmas« und »Stille Nacht«, auf Englisch von Mahalia Jackson gesungen.

Der Animateur bot Weihnachtsliedersingen an, aber da muß man ja nicht mitmachen. Doch unsere Tischnachbarn – ein Zahnarzt aus Solingen nebst Gattin – waren begeistert: Mein Gott, wann kommt man schon dazu, und zu Hause käme man sich lächerlich vor: »O Tannenbaum« unter Dattelpalmen, da haben wir gelacht und keiner über uns. Am Heiligabend hat die Direktion den Eßsaal mit Tannengrün dekoriert – nun, wenn man nach Deutschland Rosen im Winter einfliegen lassen kann, warum dann nicht auch Tannen nach Kenia? – Das Licht wurde gedämpft: eine gute Atmosphäre. Ich glaub', der Zahnarzt aus Solingen hatte Tränen in den Augen. Komisch war's schon, wie sich der eine und dann ein anderer aufs Zimmer schlich und so ein bißchen was Weihnachtliches herunterbrachte. Meine Frau hatte an die Baseler Leckerli gedacht, und ich hatte extra Wurster Nüsse schicken lassen, die gehören bei uns seit Generationen zum Fest dazu. Sie müssen wissen, meine Familie war früher im Lande Wursten ansässig, an der deutschen Nordseeküste, damit Sie wissen, wo das ist.

Also, wenn ich ehrlich bin, was mir nicht gefallen hat, war die Tanzerei am Heiligen Abend. Ei, können die denn nicht bis Silvester warten? Aber das soll in England und Frankreich ja so Sitte sein; na, schön finde ich das nicht.

Und daß mich die Frau von dem Solinger Zahnarzt unter dem Mistelzweig unbedingt küssen wollte – nun, wenn wir die Sitte vielleicht zehn Jahre früher entdeckt hätten, dann wäre vielleicht aus uns noch was geworden.

Am ersten Feiertag sind wir dann auf die Elefanten. Also, ich fotografiere, und bei uns filmt meine Frau. Und am Abend, als wir zurückkommen – also bestimmt war das an dem Tag mit den Elefanten – also, wie wir in unser Appartement kommen, da weht der Vorhang der Terrasse verdächtig. Im Bad haben wir ihn dann entdeckt, den jungen Mann. Der hat gar nicht erst versucht, uns zu bedrohen. Jesusmariaundjosef, hat er gesagt, ich glaube nicht, daß dies sein wahrer Name ist, also erbärmlich sah er aus, ob wir was zu essen für ihn hätten, und wir möchten ihn bitte nicht verraten, denn sie wären hinter ihm her.

Nun, das wollten wir dann noch etwas genauer wissen: Wer ist hinter Dir her und warum? Jesusmariaundjosef war vor den Männern auf der Flucht von dem da, damit meinte er die Geheimpolizei des Staates, dieses schwarzen Oberbonzen, Ihr wißt schon, wen ich meine. Er aber sei Christ und Student, das sei beides zur Zeit gefährlich.

Wir wollten uns nicht in die inneren Angelegenheiten dieses ostafrikanischen Staates einmischen. Wir sind harmlose Touristen und wollen hier mit der Politik nichts zu tun haben. Warum, meinen Sie, sind wir dem Weihnachtsfest zu Hause entflohen? Wir machen ein paar schöne Tierfotos, und damit genug. Was gehen uns eure Christen an – oder wer hier wen umbringt!

Also, erbärmlich sah der schon aus, aber warum sollte seine Geschichte stimmen? Vielleicht war er ein ganz gemeiner Hoteldieb und wollte sich vor uns nur herausreden. Die Mitleidstour!

Wir wollen mit Ihnen nichts zu tun haben!

Habe ich Dir nicht gleich gesagt, laß uns nicht nach Afrika fahren, die sind uns so fremd. Und ich dachte daran, daß ich einen Freund habe hier, den halten die andern alle für einen politischen Spinner, der gesagt hat, er würde in kein Land der Welt fahren, das von einem Diktator regiert wird. Aber wir finden, so moralisch kleinlich muß man nicht sein, ich laß mir doch nicht meine Welt klein machen, nur weil ihr euch da ein politisch schlechtes Gewissen macht.

Der Schwarze bettelte um Essen und daß wir ihn ein paar Stunden versteckten, und wenn sie gleich klopften, sie wegschickten. Ihr seid doch Christen! In Christi Namen bat er uns. Die foltern und die werden mich totschlagen, vielleicht hacken die mir ein Bein ab, stechen mir die Augen aus. In letzter Zeit kastrieren sie uns und schmeißen uns irgendwo im Busch vom LKW.

Wir sagten nichts, doch im Schweigen hörten wir, wie nebenan das Appartement durchsucht wurde. Ich bitte Sie, flüsterte er.

Und wenn die Sie hier finden? flüsterte meine Frau. Und der Gedanke war nicht sehr angenehm. Denn wenn es kein gewöhnlicher Krimineller war, dann war es ihnen sicherlich nicht angenehm, Zeugen bei der Verhaftung zu haben. Ausländer obendrein, die seine Geschichte möglicherweise auch noch weitererzählen konnten.

Doch nicht am Weihnachtsfest, sagte meine Frau, doch nicht am Tage der Liebe! Denen sind solche Stilfragen uninteressant, eher haben sie es mit der sadistischen Ironie: Friede auf Erden, den schaffen wir euch! Letzte Ostern haben sie ein besonderes Massaker angerichtet. Ihr glaubt doch an die Auferstehung, warum also die Aufregung! Wir werden uns für Sie einsetzen, habe ich versprochen, unsere Botschaft werden wir benachrichtigen, versprach ich. Könnt Ihr uns nicht aus Euren Spielen herauslassen, fragte ich.

Spiele um Leben und Tod. Ihr habt euch doch nicht rausgehalten. Die einzigen Devisen bringen zur Zeit die Touristen, mal im indischen Ozean baden, unter unsern Palmen im Sand liegen und Heia Safari ein paar Elefanten fotografieren. Und wer, meint Ihr, kassiert dabei?

Die Geräusche nebenan hatten sich wieder entfernt, offenbar sparten sie vorerst die von Ausländern belegten Appartements aus. Die glauben vielleicht, wir wären den ganzen Tag hier gewesen, begann meine Frau zu hoffen: Du hast doch heute vergessen gehabt, den Hotelschlüssel abzugeben. Erinnere Dich, versuchte sie, mich mit ihrer Hoffnung anzustecken.

Irgendwie hatte es dieser arme, verhungerte Kerl fertiggebracht, uns als Geisel zu nehmen – ohne Waffen, und ich verstand, daß wir mit jedem Augenblick, den er länger bei uns blieb, fester in seine Gewalt gerieten.

Es war ihre sadistische Ironie, daß sie mit dieser neuen Verhaftungswelle am

24. Dezember begannen. Sie haben sogar unsere Kirchen umstellt. Und dann ist mir ein Ausweg eingefallen. Ich rufe jetzt bei der Rezeption an, sage ich ihm, keine Sorge, wir sind ja in Ihrer Gewalt – und ich beschwere mich über den Lärm von nebenan, wir fühlten uns schon den ganzen Tag krank.

Wozu soll das gut sein? wollte meine Frau wissen.

Wir kriegen raus, was die wollen, und ich kann ihnen versichern, daß hier nichts zu finden ist. Vielleicht ist das genug?

Wenn Sie meinen? Er war sehr resigniert, das war mir ja gleich aufgefallen. Jesusmariaundjosef hatte sich schon aufgegeben. Also, wenn der wirklich davonkommen wollte, dann müßte er mehr Einsatz zeigen, dachte ich mir.

Als die an der Rezeption dann leugneten, irgend etwas zu wissen, und sie würden gleich einmal nachsehen lassen bei unsern Nachbarn, da habe ich mich höflich bedankt: Wir möchten nämlich heute gründlich und bald schlafen, sagte ich ihnen. Ich kam mir ganz geschickt vor. Also, wir haben gedacht, wir hätten die von uns abgelenkt. Meine Frau hat gesagt: Das hast du wirklich gut gemacht. Und wir haben dann gebettelt und gebettelt, er möchte uns verschonen und abhauen. Wir haben ihm den Rest unseres Picknicks, das Lunchpaket, das wir nicht aufgegessen hatten, mitgegeben.

Wir haben nichts gesehen. Wir haben genau die Lage gepeilt. Er ist dann ganz leise raus, und kaum war er auf der Terrasse, und ich will aufatmen, da sind wir noch mal davongekommen, fängt meine Frau an zu jammern, wenn ihm bloß nichts passiert, er war doch so nett und so weiter und will ihn sogar zurückholen. Ich kann sie grad noch zurückhalten. Und da drehte er sich nochmals um: Gott wird es Ihnen vergelten. Mein Gott, der Satz kommt mir nicht aus dem Sinn: Gott wird es gewiß vergelten. Dann ist er davon – und ich habe angefangen zu zählen, fragen Sie nicht, warum, vielleicht habe ich das mal irgendwo gelesen und bloß vergessen. Ich zähle also: eins, zwei, drei – ich bemühe mich, nicht zu hastig zu zählen – vier, fünf – und ich denke mir, wenn ich bis 25 komme, denn heute ist ja der 25. Dezember, 1. Feiertag, dann ist er durchgekommen, dann haben sie das Gelände nicht umstellt – zwanzig, einundzwanzig, zweiundzwanzig, dreiundzwanzig: Gott, hilf ihm, ich will, daß ihm nichts passiert – vierundzwanzig, fünfundzwanzig. Stille – und meine Frau sagt: Mein Gott, er ist durch. Es gibt doch noch eine Gerechtigkeit – und ich nicke mit dem Kopf, es ist ja Weihnachten.

Und dann haben die zu schießen angefangen. Sie können mir glauben, wir sind jetzt mit Weihnachten völlig fertig. Daran konnte auch der Extrawein nichts ändern, den die Leitung des Hauses uns kostenlos kredenzte wegen der Unbill, die wir ertragen haben.

Ein schlechtes Gewissen müssen wir uns nicht machen, genauso wenig wie Sie, das sage ich Ihnen.

Altjahrsabend

Gespräch mit dem Kind in der Krippe

Klaus von Mering

Weißt du, mein Kleines,
ich möchte dich in den Arm nehmen,
wie ich mein Kind im Arm gehalten habe,
Sekunden nach der Geburt.

Es war sonst ›kein Raum in der Herberge‹:
Die Hebamme hetzte aus dem Zimmer,
nebenan kam genau in den gleichen Minuten
noch ein Kind zur Welt,
ein Türkenkind,
ich höre noch die Schreie der moslemischen Mutter,
für mich nicht zu erkennen, ob es Flüche waren oder Gebete.
Manchmal läßt sich das nicht unterscheiden.

Die Hebamme also hatte keine Zeit,
der Arzt war mit der Versorgung der Mutter beschäftigt.
So drückten sie mir das Kind in den Arm,
kaum ein wenig abgewaschen
und nur dürftig in ein Frottierhandtuch gehüllt.

Ich kann dich seitdem nur so denken, mein Kleines,
runzlig rot in eine Wirklichkeit geworfen,
die dich umbringt, wenn ich dich nicht schütze,
und die du doch eben so machtvoll veränderst
mit deiner dünnen Haut
und deinen hilflosen Händen,
die fremde Hände öffnen,
selbst wenn sie nicht wollten.

Aber weil ich dich so denke,
nicht als holden Knaben im lockigen Haar,

mit sattem Lächeln unter spitzenbesetzter Decke,
schon gar nicht als ›Gott, der Eisen wachsen ließ‹,
der das Leben durchs Töten sichert,
sondern mit wehrlos geschlossenen Augen
und hungrig geöffnetem Mund –

weil ich dich so denke,
darum kann ich meine Träume bei dir ablegen,
meine Wünsche und meine Ängste,
im Stroh deiner Krippe,
heute, da sich das Jahr alt und müde von mir verabschiedet
und ein neues angesagt ist,
das wir, wie immer, mit Jubel begrüßen werden,
obwohl keiner weiß,
ob es nicht bereits heute überfordert ist mit dem Anspruch,
ein neues zu sein.

Du machst mir Mut, mein Kleines,
an eine Welt zu glauben,
in der die Sonne aufgeht Tag für Tag
über allen Geschöpfen
und das Wasser denen gehört, die Durst haben.
Eine Welt, in der die Bäume grün und die Flüsse klar sind,
und vom Himmel fallen Tropfen süßen Regens,
nicht Bomben,
und die Erde gehört in geschwisterlicher Eintracht
den Ähren und den Kornblumen,
nicht den Schützenpanzern.
Der Sternenhimmel dient dem Menschen als verläßlicher Kompaß,
nicht als überirdisches Schlachtfeld,
und das Meer erinnert ihn an den Anfang seines Seins,
nicht an den Abfall seines Habens.

Weißt du, mein Kleines,
ich muß dich in den Arm nehmen,
um dich zu schützen,
damit meine Träume mit dir überleben
und sich nicht alt und müde von mir verabschieden
wie das Jahr, das nun gleich zu Ende geht.

Du machst mir Mut, mein Kleines,
an eine Welt zu glauben,

in der Barmherzigkeit mehr gilt als der richtige Glaube,
wo Moral und Freiheit sich verliebte Worte ins Ohr flüstern
und die Hüter der Tradition von den Kindern lernen,
was morgen gebraucht wird.
Eine Welt, in der die Christen Partei ergreifen,
statt Parteien zu gründen,
und alle, die sich auf deinen Namen berufen,
deinen Willen tun,
statt ihn in immer neuen Abgrenzungen zu formulieren.

Weißt du, mein Kleines,
ich werde dich ihnen in den Arm legen,
damit sie zu streicheln lernen statt zu streiten,
und lieber das Gute verwirklichen
als das Richtige zu denken.
Mit dir auf dem Arm wird es ihnen leichter fallen,
das Lebensrecht des Schwachen zum Maßstab zu nehmen,
nicht den Sieg des Erfolgreichen.
Man wird sich nicht mehr vor dem einfachen Leben fürchten,
sondern vor dem allzu bequemen,
und statt das Glück zu kaufen,
werden die Menschen es miteinander teilen.
Die Großen werden keine Dolmetscher mehr brauchen,
wenn sie miteinander über den Frieden reden,
und keine Wasserwerfer,
um die Tränen der Enttäuschung wegzuspülen auf den Gesichtern derer,
in deren Namen sie geredet haben.
Die Väter werden Sinnbilder der Zärtlichkeit sein
und die Töchter das Maß der Freiheit bestimmen,
weil man dich, mein Kleines,
nicht mehr in deiner Krippe vergoldet
durch stimmungsvolle Gesänge und fromme Floskeln,
sondern mit dir die eigene Zukunft in die Hand nimmt
als ein Geschenk,
das unsere ganze Behutsamkeit beansprucht,
damit es überleben kann,
aber das auch unsere verborgensten Kräfte zu wecken vermag
zu einem großen Aufstand der Liebe gegen Haß und Zerstörung.

Weißt du, mein Kleines,
ich werde dich doch noch ein wenig im Arm wiegen
in dieser Nacht,

wenn der Himmel erschrickt vom Lärm der Feuerwerkskörper,
damit ich nicht zu sehr erschrecke,
wenn sich einmal das Schweigen des Himmels über mich breitet.
Ich werde dir ein Lied singen
und dich in den Schlaf wiegen
und werde mich nicht wundern,
wenn du es bist,
der mich vom Schlaf erweckt.

Ostern

Es riecht nach Auferstehung

Dieter Schupp   **Johannes 21, 1-14**

Was blieb ihnen schon anderes übrig?
Nicht alle Jünger, aber einige doch gingen nach jenem Schwarzen Freitag in Jerusalem, gingen nach Jesu Tod wieder zurück in die alte Heimat, nach Galiläa. Heim also in jene wunderschöne Gegend rings um den See Genezareth – dorthin, wo alles einmal begann.
Sie retteten sich wieder in das alte, karge, bescheidene Leben, nachdem der verlockende Versuch, mit Jesus zusammen das Ende der Bescheidenheit zu proklamieren, gescheitert war.
Jetzt wissen sie wieder, wer sie sind und woran sie sind; wie gut es ist, einen ordentlichen Beruf gelernt und ein Dach überm Kopf zu haben, eine Familie, Freunde. Keine zehn Gäule werden sie wieder von hier wegbringen.
Jetzt kochen sie wieder mit Wasser, so wie früher und wie alle anderen auch.
Sie beginnen, sich wieder zurechtzufinden, sich einzurichten und sich abzufinden mit dem Normalen, Gewöhnlichen und Üblichen.
Das also war's!
Doch was weitergeht, ist: Leben.
Ich stelle mir vor: Eines Tages hat einer von ihnen, Petrus vielleicht, der Rückkehrer in die Vergangenheit, zuerst zu sich, dann zu den Seinen und schließlich auch zu den Freunden gesagt: »Ich gehe wieder fischen. Kommt ihr mit?«
Die anderen schwanken, überlegen, haben Bedenken, doch am Ende sind auch sie überzeugt und stimmen zu: »Ja, Petrus, du hast recht! Machen wir unter das Kapitel Jesus endgültig einen Strich. Aus der Traum, damit müssen wir uns endlich abfinden, je eher desto besser. Wir sind Fischer, und Fischer gehören an die Netze!«
Und dann stehen sie alle auf und fangen an, die alten Netze zu ordnen, die verstaubten Geräte zu säubern, die Boote wieder seetüchtig zu machen. Und noch in der gleichen Nacht fahren sie hinaus auf See.
»Na ja«, werden sie sich gesagt haben, »all denen, die grinsten und ihre Schadenfreude nicht verhehlten und dumme Witze rissen, als wir von Jerusalem zurückkamen, all denen werden wir es zeigen! Wir haben in der Zwischenzeit unser Handwerk nicht verlernt! Man wird schon sehen und große Augen ma-

chen! Pah, das wird ein Mordsding werden. Schließlich sind wir nicht zwei oder drei, sondern sieben. Und mit vereinten Kräften wird uns *der* Fang gelingen!«

Tatsächlich, insgesamt sieben, alles Ehemalige, die sind guter Stimmung und voller Tatendrang und wollen es sich und allen anderen beweisen, daß sie immer noch Manns genug sind, etwas zu leisten, was sich sehen lassen kann; daß sie nicht nichts sind, sondern gestandene Männer, für die diese Episode mit Jesus zwar eine schöne Episode war, aber eben halt auch nur eine Episode!

Was nämlich weitergeht, ist: Leben.

Und alles läßt sich gut an, läuft ja auch wie am Schnürchen; nichts hat man verlernt und nichts vergessen.

Eine kleine Gruppe, immerhin mehr als nur zwei oder drei, will noch einmal von vorne anfangen und so tun, als habe es diesen Jesus mit seinen Geschichten, seinen Worten und Taten und mit seinen Versprechungen nie in ihrem Leben gegeben.

Zurück an die Netze, sagen sie sich; so wie früher: so normal, so üblich und so gewöhnlich. Wir wollen nicht mehr aus dem Rahmen fallen.

Und so verläuft denn wohl auch diese Nacht auf der See, – nicht aber der Morgen danach. *Der* ist weder normal noch gewöhnlich noch üblich. Zuerst einmal kommen sie früh am Morgen zurück, ziehen mit Mühe die Netze ans Land und trauen ihren Augen nicht: Die Netze sind leer. Das muß man sich mal vorstellen: Eine ganze Nacht lang wach geblieben und geschuftet, nichts hat man sich gegenseitig vorzuwerfen, aber nichts ist ins Netz gegangen. Nichts!

»Das gibt es,« tröstet man sich gewöhnlich, »das kommt halt mal vor, daß nichts gelingt und glückt und alles schief geht, alles grad umsonst war und die Mühe nicht belohnt wurde.« Jeder von uns kennt diese Erfahrung, weiß Bescheid, kann mitreden: Man hat sich alle Mühe gegeben, aber es war, wie man so sagt, für die Katz. – So wie hier: Die ganze Nacht über waren die Sieben draußen auf See, waren guter Dinge und voller Hoffnung, machten anscheinend alles richtig, und jeder Handgriff saß, doch am Morgen mußten sie feststellen: Das war ein Flop.

Ich kann mir ziemlich gut vorstellen, wie sie so da standen am Ufer, die ehemaligen Jünger Jesu: enttäuscht, niedergeschlagen, aus allen Wolken gefallen. Ich kann auch ahnen, was in ihren Köpfen vorging und welche Gedanken sie hatten: Mit leeren Händen heimkommen, – unmöglich! Noch eine weitere Blamage zugeben müssen, – das halte ich nicht aus! Noch einmal den Vorwurf hören zu müssen, versagt zu haben, – das kann ich mir nicht mehr erlauben!

Was aber bleibt ihnen jetzt übrig?

Ein jeder ist mit seinen Fragen, Bedenken und mit seinen Zweifeln über sich selbst beschäftigt ... Da kommt plötzlich ein Unbekannter, woher auch immer, noch nie zuvor haben sie ihn gesehen, der sieht's ihnen offensichtlich an den Augen an, was mit ihnen los ist, steht da rum und fragt endlich: »Habt ihr nichts zu essen?«

»Phh! Was für eine Frage!«

»Nein«, sagen sie dann dennoch, aber sonst erkennen sie nichts, verknüpfen sie auch nichts, nichts Fragwürdiges geht ihnen auf. Sie alle sehen nur das Wasser und das Boot, die leeren Netze und die leeren Hände, und sie haben auch keine Worte mehr. – Schon merkwürdig: daß Fragen und Gesten und natürlich anteilnehmende Worte Geschenke des Himmels sein können, um etwas neu zu verstehen, anders zu nehmen und als ungewöhnlich zu bewerten – darauf hatte sie Jesus immer wieder aufmerksam gemacht – das ist in dieser morgendlichen Stunde wie weg!

Der Fremde rät den Sprachlosen, noch einmal auf See hinauszufahren, ausgerechnet jetzt, am hellichten Tag, und fügt dann noch hinzu: »Probiert's doch mal auf der anderen Seite ...!«

Fachleute schmunzeln an dieser Stelle. Aus Erfahrung wissen sie: Das ist bestimmt auch wieder für die Katz! Andere nicken an dieser Stelle. Aus Erfahrung wissen sie: Das ist kein schlechter Rat, es einmal mit der anderen Seite zu probieren! Sturheit, Gewohnheit und bloße Routine sind zuweilen hinderlich, nicht selten sogar nachteilig ...

Das Ende, damals am See Genezareth, ist bekannt: Entgegen aller Regel und alter Erfahrung fahren sie noch einmal los, und sie machen den Fang ihres Lebens. Die Netze sind zum Bersten voll.

Fraglos ein Wunder. Ein Wunder? Ein Wunder. Auf jeden Fall geschah an jenem Morgen etwas, was eben so nicht normal, üblich und gewöhnlich war. Niemand kann bestreiten, daß es so etwas gibt. Warum sollte man über das Unübliche nicht staunen, sich über das Ungewöhnliche nicht wundern dürfen? Am Ufer dann, nur wenige Zeit später: ein Kohlefeuer und Fische drauf und Brot. Und bald, so stelle ich mir vor, sitzen alle drumherum auf dem Boden, die Sieben zusammen mit dem Fremden, – und sie frühstücken gemeinsam. Nach all dem, was war und geschah, will man nicht auseinanderlaufen wie die Hunde, sondern noch ein bißchen zusammen sein. Man weiß doch, wie das so ist: Man hat etwas ganz Schönes erlebt und etwas Wunderbares, etwas ist einem überraschend gut gelungen und entgegen aller Erfahrung geglückt, dann kann man nicht allein bleiben, braucht andere um sich herum, Freunde und Bekannte, aber auch Wildfremde und Unbekannte, die bald mit dazugehören und einem nahekommen ... Man braucht sie zum Mitfreuen und zum Erzählen, natürlich auch zum Erinnern: Mensch, *ohne* das Wort und ohne den Rat, ohne den Hinweis und ohne die Frage – (man erinnere sich: lauter ›Winke des Himmels‹! –) wäre jetzt alles ganz anders. Wäre jetzt alles normal und üblich und gewöhnlich. Alles wie sonst.

Und schon wird Nathanael zum Beispiel gefragt haben: »Du, Petrus? Wollen wir denn hier kleben bleiben?« Und der wird, es kann nicht anders gewesen sein, auch für die anderen geantwortet haben: »Nein. Nie wieder so! Dieses Leben, von dem Jesus immer wieder geredet hatte, das finden wir hier nicht ...« Und dann, nach einer Pause: »Das mit Ihm, das ist in unser Leben eingegangen, ist ganz tief drin, ist unauflöslich unserem Leben inne. Und davon kommen wir nie mehr los ...«

Und von da an hielt sie nichts mehr! Sie gingen in die Dörfer und Städte, um *das* weiterzusagen und mitzuteilen, was sie von Jesus einst gehört hatten, ein jeder übrigens auf seine Weise.

Sie erfuhren, spätestens an diesem Morgen: Dieser Jesus ist nicht totzukriegen, er ist in uns lebendig, ist auferstanden in unser Leben. Und das hatte zur Folge, daß sie aus einem Stück Tod in ein Stück neues Leben kamen auf ungewöhnliche und unübliche Weise. Das ist passiert, drum kann es immer immer wieder passieren, auch heute noch und morgen erst recht. Und wo das geschieht, da riecht es nach Auferstehung. Sagt, – ist das ein Wunder!?

Ostern: Nein und Ja!

Michael Becker   **1. Korinther 15, 12-20**

Wenn ich mich manchmal mit meinen Predigtgedanken im Kreise drehe und einfach nicht vorankomme – die Zeit aber drängt und die Kanzel nahe ist – dann suche ich schon einmal meinen Freund Moische Weinstock auf, einen mehr rechtschaffenen als rechtgläubigen Juden, der unsere Christendinge und Christenfragen von weit außen betrachtet und so meinen Kopf ordnen soll.

Diesmal, kurz vor Ostern, war es wieder soweit, und ich brachte ihm eben die Frage mit, die auch Paulus aus Korinth erreicht hatte.

»Moische, was soll ich antworten auf die Frage: ›Gibt es eine Auferstehung der Toten?‹ Was kann ich, aus deiner Sicht, wirklich darauf antworten? Du stehst draußen und liest manchmal unsere Texte. Was meinst Du, was ich sagen kann?«

»Du kannst sagen: »Ja und Nein – oder besser noch: Nein und Ja«.

»Was meinst Du mit: Nein und Ja?« fragte ich erstaunt und dachte, daß ich darauf möglicherweise auch alleine gekommen wäre.

»Nein, das heißt Nein«, sagte er, »zu all den vielen Bildern, Phantasien, Vorstellungen und Vorspiegelungen, die eure Kirchengeschichte sich gemacht hat.

Ich kann nicht denken, daß sich Gräber auftun, Posaunen schmettern, Scharen von Leibern umherziehen. Ich kann nur sagen, daß ihr Christen euch vielleicht zu lange mit dem Malen und Ausmalen dieser Bilder beschäftigt habt; so lange, bis ihr angefangen habt, an die Bilder zu glauben; und heute, wo ihr dies als Bilder und Phantasien erkennt, hängt ihr daran und merkt: Das Malen hat das Denken ersetzt. Und ihr merkt, daß ihr den Kern zugemalt habt. Da steht ihr nun: Ihr zweifelt an euren eigenen Bildern und findet den Kern nicht mehr.«

»Und der Kern, was ist der Kern?« fragte ich, nun doch neugierig geworden.

»Der Kern, das Ja – ja, das interessiert. Was bleibt, wenn ich dies alles wegwische, was bleibt dann?«

Moische macht eine bedeutungsvolle Pause.

»Weißt Du«, fuhr er dann fort, »es gibt etwas am Rabbi Jesus, das mich immer wieder beschäftigt und weswegen ich all eure Texte lese. Wenn ich es richtig lese – auch diesen Text des ehemaligen Juden Paulus, der ja immer auch jüdisch dachte – dann bleibt hinter den Bildern und Phantasien, den schönen und schlechten, ein Kern. Den kannst Du nennen in deiner Predigt am Ostermontag, und der kann meines Erachtens nur heißen: *Eure Auferstehung ist, daß ihr nicht fallt!*«

»Und was heißt das?« fragte ich etwas kleinlaut.

»Das heißt, was es heißt: Ihr werdet nicht fallen, ihr werdet nie fallen, im Leben und im Sterben nicht – sagte doch euer Rabbi. Es gibt eine Hoffnung, denke ich, die nicht totzukriegen ist. Eine Hoffnung, die, darum beschäftigt sie mich, nicht aus dieser Welt kommt, sonst wäre sie schon tot. Vielleicht muß man sie nicht Auferstehung nennen, vielleicht muß man sie gar nicht nennen, vielleicht muß man noch gar nicht mal Christ sein– vielleicht braucht man sie nur zu leben ...«.

Und er erzählte mir die Geschichte des Juden Jakob, der sich einer faustdicken Lüge bediente, um die Wahrheit zu sagen. ›Jakob der Lügner‹ war sommers Eisverkäufer und winters Kartoffelpufferverkäufer in einem jüdischen Ghetto zur Zeit des Dritten Reiches. Eines abends hört er zufällig in einem Radio der deutschen Kommandantur, daß die russische Befreierarmee nur noch etwa 400 km vom Lager entfernt ist. Augenblicklich weiß er, daß diese Nachricht in all dem Schrecken und Grauen des Lagers die Hoffnung der Bewohner wachhalten würde. Aber – werden sie ihm glauben?

So erfindet Jakob eine Lüge, um seine Wahrheit, die eine große Hoffnung ist, glaubhaft zu machen. Er sagt seinen Freunden: *Ich* habe ein Radio. Diese Lüge lindert nicht die Schrecken, sie hält nur – aber was heißt hier nur – eine Hoffnung auf Überleben wach ...

»Siehst Du«, sagte Moische »das war ein Jude, der mit dem Wortbild Auferstehung vielleicht gar nichts anfangen kann. Und doch trägt er Hoffnung weiter, Hoffnung, daß er und seine Menschen nicht fallen. Und so haben es viele getan, und tun es viele, im großen und im kleinen, Christen und Nichtchristen, daß sie auf vielerlei Weise die Hoffnung wachhalten im Weitertragen und Weitersagen: Wir fallen nicht, unter keinen Umständen.

Und jetzt sage ich Dir, Christenfreund, jetzt sage ich Dir, was mich daran wirklich beschäftigt und was ich glaube: Es sind nicht Menschen, die sich solche Hoffnung machen; es ist die Hoffnung, die sich solche Menschen macht und Wohnung nimmt bei denen, die wissen, daß sie diese Hoffnung nicht machen können.

Und wenn Du willst, kannst Du das Auferstehung nennen.«

Das will ich, liebe Gemeinde, und ich wollte Ihnen von diesem Besuch, der mir geholfen hat, berichten; und ich möchte nur noch anfügen, daß mir seitdem ein Wort durch den Kopf geht, das Jesus sagte:

Wer an mich glaubt, der wird leben,

auch wenn er stirbt.

Der Tod und die Liebe

Albert Damblon   **Johannes 20, 1-9**

Ja, Sie haben recht, ich, Maria aus Magdala, habe ihn geliebt. Er war mein Geliebter. Sparen Sie sich Ihre schmutzigen Witze. Nur ich allein überblicke, wie schön und klar unsere Beziehung war. Sie können nicht ermessen, was er für mich bedeutet hat. Damals hat sich keiner um mich gekümmert, nur er. Damals war ich seelisch krank, mein Leben war verpfuscht. Er hat mich aus dieser tiefen Depression herausgerissen. Ich konnte wieder leben.

Die Geschichte in Bethanien, das war ich. Aus lauter Dankbarkeit hatte ich mir auf dem Markt die kostbarste Salbe besorgt, die ich bezahlen konnte. Dann habe ich auch seine Füße damit gesalbt. Er hatte es verdient. Ich verdanke ihm alles.

Sie lächeln immer noch. Sie können sich das nicht vorstellen. Vielleicht stimmt Ihre Phantasie nicht. Natürlich bin ich zum Grab gelaufen, was denken Sie denn? Dort war für mich der beste Ort, um bei ihm zu sein und zu trauern. Dort besaß ich wenigstens den Toten. Selbstverständlich weinte ich. An seinem Grab ging mir alles noch einmal durch den Kopf, die letzten drei Tage und die letzten Jahre. Ich mußte einfach weinen. Haben Sie nicht auch geweint, als Sie einen geliebten Menschen verloren haben?

Sie wissen sicher, wie Trauer ist. Ich bildete mir ein, mit ihm am Grab sprechen zu können. Ich habe schon oft Menschen gesehen, die sich mit einem Toten unterhalten. Als ich einmal genauer aufblickte, es war schrecklich. Das Grab stand offen, es schien geplündert.

Er war nicht da. Man hatte ihn nicht nur umgebracht, sondern auch die Leiche sofort beseitigt, meine Leiche. Selbst meinen Toten hatte man mir geraubt. Nichts, gar nichts besaß ich mehr von ihm.

Verstört, wie wahnsinnig lief ich in das Grab hinein. Er durfte für mich nicht einfach verschwinden. Sein Körper war für mich kostbar, auch wenn er tot war. Vielleicht fand ich eine Spur, eine Nachricht. Nichts. Ich suchte. Nichts. Leer, doch zwei Männer, die ich vorher nie gesehen hatte, saßen in dem Grab. Ich habe sie mir gar nicht genau angeschaut. Sie verstehen, ich war wie verhext, mein geliebter Toter war nicht da. Alles Stöbern in der Höhle war vergeblich. Jetzt sprachen mich die Männer auch noch an. Als ob die nicht wußten, wen ich in diesem Grab suchte. Sie sagen, das waren Engel. Engel? Engel hätte ich doch anders ausgefragt, Engel hätten es gewußt. Es half alles nichts. Mein Geliebter war weg. Ich konnte nicht mehr weinen. Die Tränen vertrockneten.

Plötzlich fragte schon wieder einer, wen ich hier suche. Versteinert spürte ich: es steht einer hinter mir. Ich war es leid. Durfte ich nicht einmal in Ruhe trauern? Was nutzte mir seine floskelhafte Frage? Was hatte ich jetzt von Beileid? Der Geliebte ist tot, der Tote war weg. Von Beileidsbesuchen bitte ich Abstand zu nehmen. Doch auf einmal spitzte ich meine Ohren. Von ferne hörte ich meinen Namen. Weit, so wie ich ihn früher oft gehört hatte, ganz lebendig, ganz vertraut, ganz warm.

Mit dem Klang, mit der Stimme, an die mein Ohr gewöhnt war und die ich verehrte. Zaudernd drehte ich meinen Kopf. Ich wollte die wohlbekannte Stimme nicht erschrecken. Maria! Ich hatte nicht den Mut, aufzublicken. Ich wollte mich nicht selbst enttäuschen. Doch! Er ist es.

Freund, Geliebter, du bist es. Meister meiner Seele. Du lebst! Sie können sich denken, daß ich ihm um den Hals fallen will.

Er weicht zurück, ohne daß er meine Seele verletzte. Halte mich nicht fest, Maria. Ich gehöre dir jetzt nicht mehr allein. Ich gehöre allen, die leben wollen und die mich lieben. Allen!

Alle, wer sind sie? wundere ich mich.

Maria, erwidert Jesus, alle, die mir vertrauen und von mir das Leben erhoffen, alle, die jetzt ehrlich in Herrenshoff Ostern feiern.

Komisch, ich war zum Grab gegangen, um einen Toten zu besitzen, ganz für mich allein. Der Tote lebt, aber ich besitze ihn nicht. Er gehört allen, die ihn lieben. Und ich bin gar nicht eifersüchtig, ich freue mich auf euch. Wir lieben alle den lebendigen Jesus.

Wesentliche Anregungen zu dieser Predigt erhielt ich durch die Arbeit von Jörg Rothermundt, Der Heilige Geist und die Rhetorik, S. 88-96.

Augenblicke voll Wärme und Licht

Richard Hilge   **Lukas 24, 13-35**

Sie sind still geworden – die beiden Männer auf dem Weg nach Emmaus.
Schon eine ganze Weile gehen sie schweigend nebeneinander her. Eigentlich
wollen sie jetzt nur noch eins: Sie wollen weg von Jerusalem; weg von allem,
was da in den letzten Tagen passiert ist. Sie wollen von der ganzen Geschichte nichts mehr wissen. Denn bis jetzt verstehen sie alles noch nicht. Und mit
der Kreuzigung Jesu werden sie einfach nicht fertig.
Wie begeistert waren sie doch damals, als sie alles verließen und anfingen,
Jesus nachzufolgen. Noch nie hatte ihnen ein Mensch soviel gegeben wie
er. Bei ihm hatten sie sich einfach wohlgefühlt. Freunde hatten sie durch ihn
gefunden. Und in seiner Nähe fing ihr Leben noch einmal neu an.
Und immer wieder sagte er, daß Gott bei den Menschen sei. Nicht oben im
Himmel, sondern hier – ganz unten auf der Erde. Gott sei eher in den Wohnun-
gen der kleinen Leute zuhaus als im Tempel. Und er sei auch im schlimmsten
Durcheinander immer noch zu finden. Gott sei für alle da, sagte Jesus, zuerst
für die, für die keiner mehr etwas übrig habe, die für nichts und niemanden
mehr wichtig seien.
Aber mit dieser Überzeugung kam Jesus dann doch nicht an, wenigstens bei
denen nicht, die damals das Sagen hatten. Die lehnten ihn ab und machten
ihn schon bald als Fresser und Weinsäufer schlecht. Und plötzlich war es,
als hätte sich die Welt gegen Jesus verschworen. Und das Schlimmste war,
er selbst wehrte sich nicht einmal dagegen. Er ließ sich all das Unrecht gefallen.
Und wo war Gott, als sie Jesus kreuzigten? Ließ auch Gott ihn hängen? Interessierte es ihn nicht, daß sein Sohn so elend zugrunde ging? Wenn Gott für
diesen einen in seiner schlimmsten Stunde nicht da war, für wen denn sonst?
In solche Gedanken versunken, gehen die beiden immer noch schweigend
in Richtung Emmaus. Aber dann stößt ein Dritter zu ihnen. Einer, der viel Zeit
hat. Einer, der ihnen gut zuhören kann. Und erst nach einer ganzen Zeit stellt
er ihnen ein paar Fragen. – Habt Ihr denn wirklich geglaubt, daß dadurch etwas besser wird, daß Ihr alles hinwerft und einfach weglauft? Was in Euren
Augen so schrecklich ist, nämlich, wie Jesus verhaftet wurde, verhört, verspot-
tet und gekreuzigt, könnte das alles nicht von Gott her ganz anders aussehen?
Was aus Eurer Sicht eine einzige Katastrophe war, könnte da nicht auch etwas
Gutes dran gewesen sein? Stellt Euch doch nur einmal vor, Jesus wäre nicht
bis zum Schluß dabei geblieben, daß Gott seine Sonne auch über die Bösen
aufgehen läßt; stellt Euch vor, er hätte das Gleichnis vom verlorenen Sohn

wieder zurückgenommen und er hätte erklärt, daß er in seiner Liebe zu den Zöllnern und Dirnen zu weit gegangen sei; stellt Euch vor, er hätte das alles widerrufen, dann hätten sie ihn sicher nicht gekreuzigt. Aber wäre das für Euch und für viele andere nicht ganz schlimm?

Über diesem Miteinanderreden ist die Sonne untergegangen. Und es ist wohl so, wer etwas Schweres auf der Seele hat oder wer krank ist, der fühlt sich am Abend einsamer als am Tag. Und so bitten sie ihn: »Bleib doch bei uns; denn es wird bald Abend«. – Und er tut das auch. Er geht mit ihnen in ein Haus, setzt sich mit ihnen an einen Tisch, spricht das Dankgebet und teilt mit ihnen das Brot. Brot ist das, was man unbedingt zum Leben braucht. Und sie spüren: Dieser Dritte, er würde auch noch die letzte Scheibe Brot, er würde alles mit uns teilen.

Und dann fällt es ihnen wie Schuppen von den Augen: Es ist der Herr. Und schon ist er wieder verschwunden.

Es gibt solche Augenblicke, in denen wir spüren, wir sind nicht mehr allein. Augenblicke, in denen wir sagen können: Jetzt ist alles gut. Augenblicke voll Wärme und Licht. Dann sagen wir wohl: »So müßte es bleiben, so müßte das Leben immer sein!« – Aber wir können solche Augenblicke nicht festhalten. Wir können wohl eine Zeitlang davon zehren.

Die beiden Männer gehen wieder nach Jerusalem zurück. Und sie wissen: Unser Weglaufen mußte sein. Der Umweg über Emmaus war nicht umsonst. Ich denke, kein Umweg ist umsonst.

Ostereierpredigt

Heinz Behrends

Heute morgen sind meine Frau und ich in aller Frühe aufgestanden und haben die bemalten Ostereier im Garten versteckt. Sie können sich gewiß vorstellen: Als die Kinder erwachten und bald merkten, daß Ostern ist, zogen sie sich schneller an als sonst und rannten hinaus. Sie suchten, mußten sich bücken und hatten ihre Freude daran, das Ei aufzuheben. Das Ei als Symbol der Auferstehung.

Das Ei verzehrt sich, um Leben hervorzubringen. Es ist das Symbol unbändigen Lebenswillens. Die Schale steht für den Tod. Das neue Leben im Ei, das Küken, zerbricht die Schale, weil es leben will. Das neue Leben zerbricht den Tod und wirft ihn ab. Wie eine Pflanze, die einen Haarriß in der Betonplatte findet, sich durchwindet und als Baum die Platte zum Zerreißen bringt, so bricht das Leben aus der Eierschale hervor.

Und dabei spricht alles gegen das Leben unter der Schale.

Die Unvernunft

Jede Beerdigung

Jedes Krankenbett

Alle sprechen gegen das Leben.

Der Tod tritt ja nicht erst ein, wenn das Herz zu schlagen aufgehört hat. Er tritt ins Haus, wenn man anfängt, stumm beieinander zu sitzen.

Doch Gott will das Leben.

Ostern ist nicht für das letzte Stündlein da, es ist für das Leben da.

Diese Botschaft zu suchen und zu entdecken, macht Spaß. Den Kindern machte das Suchen der Eier auch Spaß. Aber die Verlockung, zu fragen, wo liegen sie denn, Papa, war auch groß. Daß ich ihnen die Stelle verrate, wollten sie. Doch das eigene Finden macht am meisten Freude. Da muß man sich schon bücken. Mit stolzem Nacken und Rücken wird man schwer finden.

Das Suchen und die Freude am Finden des Lebens wird uns nicht abgenommen. Gott sei Dank.

Ja, wer würde einem Ei da Leben zutrauen. Wer hätte damals gedacht, als er als Verbrecher unter Verbrechern hing, daß wir heute morgen in seinem Namen zusammensitzen.

Das Leben ist aufgebrochen. Gott sei Dank in Jesus Christus.

Konfirmation

Der seine Hand über Blumen und Menschen hält

Richard Hilge

Mit dreizehn wäre er am liebsten Arzt geworden, vielleicht auch noch Lehrer. So ganz genau wußte er es selbst noch nicht. Aber eins stand schon damals für ihn fest: Er wollte es in seinem Beruf mit Menschen zu tun haben.

Später, er konnte sich noch gut daran erinnern, erklärte sein Vater eines Tages, daß es mit Studieren leider nichts sei. »Du mußt Geld verdienen«, sagte er, »so wie Deine älteren Geschwister auch. Ich habe schon eine Lehrstelle für Dich festgemacht. Du wirst Gärtner«.

Anfangs konnte er die Sätze seines Vaters überhaupt nicht fassen. Sein Leben lang sollte er sich nur um Pflanzen kümmern? Jahr für Jahr sollte er die gleiche Arbeit tun? Umgraben und säen, Unkraut jäten und ernten? – Er heulte vor Wut und Enttäuschung. Erst später fiel ihm ein, daß sein Vater auch noch gesagt hatte: »Wer zu Blumen gut ist, der ist es auch zu Menschen. Und hüte Dich vor Leuten, die keine Blumen mögen!«

Es dauerte lange, bis er etwas von Blumen verstand. Zunächst dachte er wohl, er müsse viele Bücher darüber lesen und die lateinischen Namen der Blumen auswendig lernen. Aber sein Meister sagte: »Lies nicht zuviel! Du mußt vor allem beobachten lernen. Du mußt es sehen können, wenn es einer Blume nicht gut geht. Ob sie im Augenblick viel Wasser braucht oder nicht, dafür gibt es kein Rezept. Du mußt einen Blick dafür bekommen. Und manchmal mußt Du auch mit einer Blume sprechen! – Weißt Du, es ist mit Blumen ähnlich wie mit Menschen. Es gibt Menschen, die können jahrelang mit Dir zusammenleben und sie merken gar nichts. Und es gibt andere, die sehen schon auf den ersten Blick, daß es Dir nicht gut geht. Sie spüren einfach, was Dir fehlt. Wenn wir Menschen doch auch so behutsam miteinander umgingen, wie wir es mit Blumen tun!« – Dabei ließ er das Blatt einer Blume sanft durch die Hände gleiten.

Als der Lehrling eines Abends nach Hause ging, fand er unterwegs eine Topfblume. Irgend jemand hatte sie in einen offenen Abfalleimer geworfen. Sie war krank. Einen Augenblick lang zögerte er wohl, doch dann hob er die Blume auf, nahm sie mit nach Hause und pflegte sie. Manchmal streichelte er im Vorübergehen ihre Blätter. Und eines Abends begann er auch mit der Blume zu sprechen. Er lobte sie, als er sah, daß sich ihre Blätter wieder aufrichte-ten. Und weil es der Blume gut tat, lobte er sie oft; wußte er doch von sich selbst, daß vieles leichter ging, wenn ihm jemand gut zusprach.

So lernte er, mit Blumen zu leben. – Nach einiger Zeit übernahm er eine kleine Gärtnerei, und er war schon bald wegen seiner schönen Blumen weit bekannt. Die Leute kauften gern bei ihm. Sie meinten, er müsse im Umgang mit Blumen wohl irgendein Geheimnis haben. Und einige – sie sagten das zwar nicht laut – hielten ihn sogar für einen Spinner.

In seinem kleinen Laden aber fühlten sie sich alle wohl. Lag es daran, daß dieser Gärtner nicht nur für Blumen ein besonderes Gespür hatte? Er war zwar nicht sehr gesprächig, aber er sagte manchem Kunden ein gutes Wort, verschenkte einen Strauß, wenn er merkte, daß jemand wenig Geld hatte, und wenn er die Zeit dafür fand, trank er mit den Leuten auch gern einen Kaffee. Manches Gespräch, das bei Blumen begann, endete damit, daß ihm jemand seine Sorgen anvertraute.

Eines Tages passierte etwas Merkwürdiges: Zwei ältere Frauen kamen auf ihrem Spaziergang an seiner Gärtnerei vorbei. Plötzlich blieb eine von ihnen stehen und schaute, ohne dabei ein Wort zu sagen, auf ein kleines Blumenfeld. Da kniete der Gärtner vor einer leuchtend gelben Blume. Auf seinem Gesicht lag ein wunderbares Staunen. Aber es war auch nicht zu übersehen, daß er sich um diese Blume sorgte. Behutsam hielt er seine große Hand über sie, als wollte er sie schützen.

Die beiden Frauen hatten sich die ganze Zeit über kaum bewegt. Schließlich sagte eine von ihnen: »Weißt Du, irgend etwas an diesem Gärtner erinnert mich an Gott«. Die andere erschrak bei diesem Gedanken und fast entrüstet wehrte sie ab: »Nein, ich stelle mir Gott ganz anders vor, viel erhabener und – wenn ich ehrlich sein soll – auch irgendwie strenger«. – »Ich weiß nicht«, ent-gegnete ihre Freundin, »ob ich mir Gott überhaupt vorstellen soll. Aber sieh doch, wie dieser Gärtner da unten auf dem Boden kniet, fast auf einer Höhe mit der Blume, und wie er sich ihr zuwendet, als sei diese Blume die wichtigste auf der Welt. – Es gibt Gebärden, die weisen über sich selbst hinaus; sie sind so klar und so dicht, als spiegele sich für einen Augenblick ein Stück Himmel darin wider«.

Die beiden Frauen gingen schweigend weiter. Bald darauf erhob sich auch der Gärtner. Er verließ das Blumenfeld. Auf seinem Gesicht aber lag immer noch ein wunderbares Staunen.

(Predigt über Emil Noldes Bild »Der große Gärtner«)

Gespräch mit der Taube

Johannes Seiß   **1. Mose 8, 5f; 8-13; 20a**

Auf dem Gottesdienstprogramm ist, wenn auch sehr verkleinert und nur schwarz-weiß, das Bild aus dem Konfirmandenschein abgedruckt. Es stellt eine Szene aus der Sintflutgeschichte dar: Die Taube, die Noah abgeschickt hat, kehrt zurück, einen kleinen frischen Ölzweig im Schnabel. Sonst ist da nur eine trostlose Wasserwüste, nichts, woran man sich orientieren kann, kein fester Punkt, an den man sich halten, auf den man sich verlassen kann. Aber die Sonne bricht durch und der Regenbogen wölbt sich behütend über dem Chaos. Und die Taube mit dem Ölzweig ist ein Zeichen, daß in der tödlich gefährdeten Welt neues frisches Leben beginnt. So, will die Geschichte sagen, sieht unser Leben aus: Tödlich bedroht von vielen Gefahren, die von außen kommen, aber auch von innen, aus dem eigenen Herzen. Der Glaube aber lernt staunend, daß Gott uns darin dennoch behütet und rettet und das Leben immer neu schenkt. So hat Noah Glauben gelernt. Wir lesen es in einem Abschnitt aus der Sintflutgeschichte in 1. Mose Kapitel 8: (Textlesung)
Eine Taube, so heißt es, hat dem Noah dabei geholfen, das Vertrauen und das Danken in aller Unsicherheit zu lernen. Ich will mich nun einfach in den Noah hineinversetzen. Ich kann mir gut ausdenken, was er mit seiner Taube geredet haben mag. Und ich denke, das ist auch ganz sinnvoll, denn diese Geschichte ist nicht als eine alte, ferne Geschichte aufgeschrieben worden, sondern als ein Bild unseres Lebens, damit wir alle in Unsicherheit und Gefahr das Vertrauen, das Staunen und Danken immer wieder lernen und ausprobieren.

1) Ich sehe den Noah vor mir, wie er am Dach der Arche die Luke aufstößt; die Taube sitzt auf seiner Hand. – »Ich habe eine große Bitte an dich, kleine Taube. Sieh nur hinaus, von hier aus ist nichts zu sehen als Wasser und Wellen und Wolken. Selbst für dich, so klein und so leicht wie du bist, kein Platz, wo du dich hinsetzen und einmal ausruhen könntest. Schon gar nicht für mich und für die anderen hier. – Aber Gott hat mir eine Hoffnung mitgegeben, als er mich die Arche bauen ließ. Er hat mir gesagt, daß er das Leben retten will. Ich habe keine Ahnung: Wie. Aber du kannst höher und weiter hinaus fliegen. Vielleicht findest du irgendwo ein Zeichen, ein Stück trockenes Land, einen Baum, der übers Wasser schaut. Ich brauche jemanden, der mir sagt, daß ich mir die Hoffnung in meinem Herzen nicht nur ausgedacht habe. Ich brau-

che jemanden, der mir ein Zeichen gibt und mich bestärkt. Tu mir die Liebe, flieg meine Taube, flieg!«

Aber die Taube hüpft nur vom Finger auf den Balken. Sie krallt sich fest. Ich nicke: »Ich verstehe ja, daß du Angst hast. Du kannst nirgends ausruhen, irgendwann wirst du vielleicht ins Wasser stürzen; denn nichts weist dir den Weg zurück zur Arche, wenn du ihn nicht findest. Ich habe auch die Menschen immer wieder sagen hören: Ich glaube nur, was ich sehe. Ich vertraue nur auf das, was ich anfassen kann. Und das halte ich fest, das ist sicher. So sicher wie diese Arche hier, wie dieser Balken. Ich verstehe dich, meine Taube. Die Leute sagen: Ich vertraue doch nicht auf eine Hoffnung, auf ein bloßes Wort von Gott, wo ich doch nichts sehen und beweisen kann, daß es stimmt. Aber sieh, meine Taube, du kannst wenigstens fliegen und weit schauen. Ich steh hier wie ein Gefangener. Willst du auch gefangen bleiben? Alles, was wir sehen und anfassen können, was so sicher ist, daß wir uns daran klammern können, – irgendwann wird es untergehen. Die Dinge, die sicher sind, an die man sich festkrallen kann, halten nicht lang. Und immer werden wir ihre Gefangenen. Das habe ich schon oft gemerkt. Aber du kannst fliegen. – Darum flieg, meine Taube, flieg. Mein Glaube und meine Hoffnung und meine Gebete schick ich mit dir da hinaus. Denke daran, daß sie dich begleiten. Ich möchte herauskriegen, ob mein Glaube nicht mehr wert ist als alle die sicheren Sachen hier, die doch untergehen. Ich möchte ein freier Mensch sein, und nicht ein Gefangener der Dinge, die mir Sicherheit versprechen. Ich will es lernen, mich nicht zu fürchten, auf Gottes Wort hin es zu probieren, zu wagen. Fürchte dich auch nicht! Wir werden es schon wagen müssen, wenn wir sehen wollen, wo und wie Gott uns helfen wird. Du wirst das Fliegen, ich das Glauben und Beten und Hoffen wagen müssen.«

Und so wirft er die Taube in den Himmel – und seinen Glauben, seine Hoffnung und seine Gebete auch. Und er schaut ihr nach, wie sie in der Ferne immer kleiner wird.

2) Lang hat Noah an seiner Luke im Dach auf die Rückkehr der Taube gewartet. Schließlich kommt sie. Sie hat keinen Platz gefunden und kein Zeichen bringt sie zurück. Es war alles vergeblich. Bitter ist seine Enttäuschung, der Zorn packt ihn. Der richtet sich zuerst auf die unschuldige Taube, wie das oft so geht. Aber dann streckt er seine Hand aus, daß sie auf seinem Finger landen kann, holt sie herein, birgt sie an seiner Brust und sagt: »Wie dein Herz klopft vor Anstrengung, kleine Taube. Hast du nichts zum Ausruhen gefunden, warst den ganzen Tag in der Luft, auch für mich.« Zärtlich und sanft streicht der enttäuschte Mann ihr über das Gefieder und hält ihr Körner hin.

»Dein Auge erzählt mir von deiner Enttäuschung und von der ausgestandenen Angst. Ich glaube, wir fühlen beide etwas ganz Ähnliches. Du bist genauso ein armes Geschöpf wie ich. Erschöpft vom Hoffen und Ausschauen, zitternd in der Ungewißheit, voller Angst vor dem Untergang. – Fast hätte ich es genauso gemacht, wie ich es oft gesehen habe, und hätte meine Enttäuschung und Wut an dir ausgelassen. Weißt du, wir Menschen bilden uns immer wieder ein, wir wären die Herren der Welt, und ihr wärt bloß für uns da. So gehen wir manchmal sogar miteinander um, erst recht mit euch, euch Tieren und den Pflanzen und der Erde. Aber habe keine Angst, meine Taube, heute habe ich etwas gelernt. Wir sind aufeinander angewiesen, nicht nur wir Menschen untereinander, sondern alle Geschöpfe. Und miteinander sind wir auf Gott angewiesen, daß er uns zeigt, wie wir leben können, daß er uns rettet. Niemand kann für sich allein glauben und hoffen und staunen und danken. Wir brauchen einander dazu. Und es wäre dumm, unsern Zorn und unsere Enttäuschungen an anderen auszulassen. Komm herein, meine Taube, vielleicht war es nur noch nicht die rechte Zeit.«

3) Nach einer Woche sehe ich Noah wieder wartend an seiner Luke stehen. Noch einmal hat er es gewagt. Noch einmal hat die Taube es versucht. Da kommt sie. Ein frisches, silbrig-grünes Ölblatt trägt sie im Schnabel.
»Was bringst du mir, meine Taube? Du hast begriffen: Das ist ein Zeichen der Hoffnung. Du hast es erkannt. Du hast dich gefreut: Das Leben geht weiter. Aber du kannst gar nicht ahnen, welche Freude du mir gemacht hast. Mir sagt das Ölblatt: Das Leben beginnt neu! Ich weiß zwar, daß es wieder Schuld auf der Erde geben wird, genauso wie damals vor der Sintflut. Ich weiß, daß es wieder Gefahren geben wird, Krankheiten, Katastrophen, und daß der Tod auf uns wartet. Und irgendwann einmal wird die Welt untergehen. Aber jetzt weiß ich auch, daß Gott aus allen Katastrophen und aus allem Untergang einen neuen Anfang gibt. Die Hoffnung, die er mir mitgegeben hat, ist größer als Schuld und Krankheit und Tod. Wir haben sie miteinander ausprobiert. Auch diesmal konnten wir ja am Anfang nicht sehen, wie das gehen soll. Weißt du noch, wie das war, als wir nichts hatten als bloß das Wort der Hoffnung, das er mir mitgegeben hatte? Man kann ihm vertrauen.«
»Darum«, so sage ich zu der Taube des Noah, »darum bist du, kleine Taube, ein Sinnbild für mich geworden. Eine Friedenstaube. Ein Sinnbild für den Heiligen Geist Gottes selbst. Der hilft uns, zu glauben und zu vertrauen und zu hoffen gegen alle Angst und gegen alle Enttäuschungen auf Gottes neue Welt, seine Freude und seinen Frieden. Er hilft uns, jetzt schon in guter Gemeinschaft miteinander in dieser Hoffnung zu leben.«
Darum ist da oben am Schalldeckel der Kanzel das Bild der Taube als Sinnbild für den Heiligen Geist. Er hilft uns, wie Noah das Glauben und Hoffen, das Staunen und Danken zu lernen.

Noah ist ja in Ordnung

Wolfgang Herrmann   **1. Mose 8, 6-12**

Die Arche war durchaus zweckmäßig eingerichtet. Alle hatten einen geeigneten Platz gefunden; die Wölfe und Löwen weit genug von den Schafen und Ziegen entfernt, obwohl ein allgemeiner Frieden für die Zeit in der Arche galt. Aber sicher ist sicher. Außerdem, was sollte man auch miteinander anfangen? Schließlich war es eng. Und die ungewohnte Situation kostete Nervenkraft. Später, als die Vorräte mehr oder weniger verbraucht waren, hatte man zwar mehr Platz. Dafür wuchs die nervliche Belastung: Wie lange würde man noch auf der Arche leben müssen? Würden die Vorräte reichen? Und wenn nicht, was dann?
Andererseits wuchs auch das Gemeinschaftsgefühl. Was seit den Zeiten des Paradieses undenkbar gewesen war – hier war wieder Wirklichkeit geworden, daß Wolf und Lamm, Kind und Schlange miteinander spielten. Natürlich war das zuerst gar nicht so einfach. Wie sollte man sich verständigen? Welche Sprache miteinander sprechen? Seit undenklichen Zeiten war man hintereinander hergerannt: die einen als Jäger, die anderen als Gejagte.
Und nun: ein allgemeiner Frieden.
Zuerst verständigten sich die Tiere über die Menschen. Die waren schließlich an allem schuld. Der Weltuntergang, das millionenfache Sterben, das ging eindeutig aufs Konto der Menschheit. »Ein übles Pack, diese Menschen«, sagte die Gazelle. »Was sich der Schöpfer, gelobt sei sein Name, wohl bei ihrer Erschaffung gedacht hat?« »Ganz richtig«, riefen die Mäuse, »die Menschheit tobt sich aus in ihrer ganzen Dummheit und Verwerflichkeit, und wir, wir müssen's ausbaden. Keine gute Idee, diese Wesen zu erschaffen.« »Ja, und wenn ich daran denke, wie sie die Erdoberfläche verunstalten«, sagte der Turmfalke, »ich kann das ja gut übersehen. Hier wird ein Gebirge entwaldet, dort ein Sumpf ausgetrocknet, dort wieder ein künstlicher See angelegt. Und dann die Städte, oder wie die Menschen das nannten, so etwas Unnatürliches. Das mußte ja eines Tages mal wieder vom Erdball verschwinden.«
Die Tiere waren sich einig, wie überflüssig die Menschheit im Grunde doch sei. »Man muß allerdings dreierlei bedenken«, sagte der Rabe, der wegen seiner Klugheit allgemein geschätzt wurde, »erstens blieb den Menschen nicht viel anderes übrig, als sich an der Natur zu vergreifen. Es sind doch armselige Lebewesen. Kein Fell, kein Federkleid wärmt sie. Sie haben keine Klauen, mit denen sie sich verteidigen könnten, keinen Panzer wie die Schildkröte, um sich zu verstecken. Fliegen können sie auch nicht. Viel ist also wirklich nicht mit ihnen los. So haben sie sich also künstliche Felle und künstliche

Nester und Höhlen geschaffen.« – »Aber auf unsere Kosten«, riefen die Hasen, und die Schafe, Kühe und Ziegen stimmten zu. »Zweitens gebe ich zu bedenken«, fuhr der Rabe fort, »zweitens verdanken wir der Dummheit und der Bosheit der Menschen die Tatsache, daß wir jetzt diesen Frieden hier haben und miteinander sprechen können. Wann hat's das je gegeben?« – »Gut und schön«, meinte das Kamel, »aber das wiegt den Verlust meiner Heimat und meiner Verwandten wirklich nicht auf. Die schönen und trocknen Steppen, – alles unter Wasser. Ein schauderhafter Gedanke.« – »Und drittens«, fragte der Spatz, »was wolltest du drittens sagen, kluger Rabe?« »Drittens ist da noch Noah. Das ist ja nun auch ein Mensch, aber doch anders als die anderen. Gebt zu, wenn alle so wären, könnte man mit der Menschheit doch auskommen. Nicht nur, daß er die Arche gebaut hat«. – »Jaja, mit Gottes Hilfe«, rief das Känguruh. »Allein kommt so ein Mensch doch nicht auf die einfachsten Ideen.« – »Immerhin, er hat sie gebaut, und das recht geschickt«, fuhr der Rabe fort. Dann wurde er unterbrochen.

Die Tür zu dem weitgehend geleerten Vorratsraum, der nun als Versammlungsraum diente, wurde geöffnet, und Noah erschien. »Entschuldigt bitte die Störung,« sagte er, »aber ich glaube, es ist Zeit, einmal die Lage zu erkunden.« »Was für eine Lage, was gibt's denn? Ist was los?« riefen die Eichhörnchen, die immer gerne etwas Neues erleben wollten. »Nun ja, der Regen hat lange aufgehört, der Wind hat sich gelegt, und ich denke, es sollte einmal jemand nachsehen, ob nicht Land in Sicht ist. – Ich habe mir gedacht, daß einer von den Vögeln einmal eine Erkundigungsrunde fliegen könnte.« »Der Rabe, der Rabe«, hörte man rufen, »der Rabe hat eben so klug dahergeredet. Der soll fliegen.« »Ich hatte mehr an den Adler gedacht,« meinte Noah. »Ob der nicht den größeren Überblick hat?« »Laß gut sein«, sagte gutmütig das Adlerweibchen. Mein Mann und ich können noch gut warten, bis man wirklich ein paar Berge sieht, wo es einen vernünftigen Aufwind gibt.« »Also gut, wenn alle einverstanden sind, soll der Rabe fliegen«, sagte Noah. »Wenn du selber willst«, fügte er zum Raben gewendet hinzu. Der wollte. Und obwohl es im Hintergrund bei den kleineren Vögeln ein gewisses Gemurmel gab, – waren das die Tauben? – war der Rabe der erste, der die Arche verließ; wenigstens für eine Zeitlang.

Was dann geschah, wird in der Bibel erzählt, jedenfalls in groben Zügen sozusagen als Zusammenfassung. Der Rabe gab eine Schreckensschilderung von den Wassermassen über der Erde. »Grauenhaft, all das vernichtete Leben da unten zu wissen. Was habt ihr Menschen bloß angerichtet! Nur die Haifische haben gut lachen.« »Warum die Haifische?« fragte das Kaninchen, das sich unter einem Haifisch sowieso nicht viel vorstellen konnte. »Na, all die Leichen, da gibt's was zu fressen«, klärte der Rabe auf, und die Geier blickten etwas nachdenklich übers Wasser ...

Wir wissen, daß Noah für den nächsten Erkundungsflug eine Taube ausschickte, die aber zunächst nichts anderes als der Rabe berichten konnte. Man brauchte eben viel Geduld, bis sich die Wasser wieder verlaufen hatten. Als dann die Taube bei ihrem zweiten Flug den berühmten Zweig vom Ölbaum mitbrachte, brach großer Jubel aus. »Schaut nur, frisches Grün«, riefen die Schmetterlinge, »das ist doch mal was anderes als die paar kümmerlichen Topfpflanzen hier auf der Arche, die die Frau Noah mitgebracht hat.« »Gegrüßt seist du, Taube«, sagte der Löwe, und es war plötzlich ein sehr feierlicher Augenblick. Noah und seine Söhne, die Frauen natürlich auch, waren herbeigekommen, und alle Tiere blickten auf die Taube mit dem kleinen grünen Zweig. »Gegrüßt seist du, Taube«, wiederholte der Löwe, »dieses Bild wird wohl niemand mehr vergessen. Auch spätere Generationen werden bei deinem Anblick wissen: du bringst das Leben, du bringst den Segen.« »O, danke«, sagte die Taube, noch etwas atemlos nach dem langen Flug, »aber das ist wirklich zuviel der Ehre. Jeder andere Vogel hätte doch auch so gehandelt.« »Gewiß, gewiß«, sagte der Rabe, »aber ich weiß, was du geleistet hast. Ihr Tauben habt schon einen besonderen Orientierungssinn. Und es ist nun einmal so: du trägst das Zeichen des Friedens in deinem Schnabel; so sollst und wirst du selbst zum Friedenszeichen für alle Zeiten werden. Daß wir nie vergessen, wie es auf der Arche war, nämlich eine allgemeine Harmonie von allen. Und daß wir nie vergessen, daß das Leben gerettet worden ist.« »Ich will noch was anfügen«, brummte der Bär, »wir werden auch nie vergessen, daß wir das alles den Menschen verdanken.« »Was meinst du mit verdanken? Die Sintflut, die wir den Menschen verdanken, oder die Rettung in Noahs Arche?« »Das kannst du halten, wie du willst«, brummelte der Bär. Er war ein wortkarges Wesen. »Dank dir, Taube«, sagte auch Noah, »aber sprich: wo können wir an Land gehen?« »Dafür ist es noch zu früh«, sagte die Taube. »Nur hier und da ist ein wenig Land zu sehen. Und es muß sich doch auch erst wieder begrünen, bevor wir die Erde betreten können. Nein, wir müssen noch warten.«

Also wieder warten. Aber jetzt war eine andere Stimmung auf der Arche. Man schmiedete Pläne. Alle waren optimistisch. »Das wird toll, wenn wir erst wieder auf dem Erdboden sind. Bestimmt wie damals im Paradies«, – es waren die Eidechsen, die das sagten. »Freut euch nicht zu früh«, sagte der Rabe. »Wir sind ja schließlich die alten geblieben.« »Na und?« »Was heißt: na und? Wovon wollt ihr leben? Ihr Eidechsen werdet wieder Fliegen fangen, der Fuchs reißt sich Hühner, der Löwe die Gazelle. Alles wie früher.« »Das ist wohl wahr«, sagte da der Elefant, »aber ich glaube, das siehst du zu schwarz. Natürlich werden wir fressen und gefressen werden. So ist unsere Bestimmung. Eins dient dem anderen. Das ist manchmal hart, aber letztlich dient es dem Leben, und es wird ein Gleichgewicht geben. Alle werden ihren Platz finden. Und nie werden wir vergessen, daß wir letztlich zusammengehören, wie Kinder einer Mutter. Das Leben wird wieder aufblühen, wie ein farbiges Gewebe. Wir werden kämpfen, und wir werden uns respektieren. Nur eins macht mir Sorge.« »Und das wäre?« wollte das Kaninchen wissen. »Der Mensch. Noah ist ja in Ordnung, da kann man sich nicht beschweren. Aber ob die künftige Menschheit auch so ist? Wir haben schon einmal so schlechte Erfahrungen gemacht, mit Adam und Eva nämlich. Ich fürchte, das wird wieder ganz ähnlich. Die Menschen sind nun einmal merkwürdige Wesen. Ich weiß nicht mehr, wer das neulich sagte, aber irgendwie sind sie tatsächlich eine Fehlkonstruktion.« »Der Schöpfer, gepriesen sei sein Name, wird sich schon etwas gedacht haben, als er die Menschen erfunden hat«, sagte das Schaf, »wir wollen's mal riskieren.«

Als es dann schließlich und endlich soweit war, als sie die Arche verlassen hatten und Noah den Altar gebaut hatte, da überspannte der Regenbogen das Land und Gott sagte:

Das ist das Zeichen des Bundes, den ich geschlossen habe zwischen mir und euch und allem Getier, das bei euch lebt, auf ewig: Meinen Bogen habe ich in die Wolken gesetzt; der soll das Zeichen sein des Bundes zwischen mir und der Erde. Und wenn es kommt, daß ich Wetterwolken über die Erde führe, so soll man meinen Bogen sehen in den Wolken. Alsdann will ich gedenken an meinen Bund zwischen mir und euch und allem lebendigen Getier, daß hinfort keine Sintflut mehr komme, die alles Fleisch verderbe.

Liebe Konfirmandinnen, liebe Konfirmanden! In eurem Vorstellungsgottesdienst habt ihr gefragt, ob es etwa eine neue Arche Noah geben könnte, die die Menschheit in den Feuerstürmen eines Atomkrieges retten würde. Und nicht nur die Menschheit: auch die durch die Menschen bedrohte und teilweise schon zerstörte Natur. Ihr habt gefragt, wie sich die Friedenstaube gegen den milliardenteuren Rüstungswahnsinn behaupten kann. Und wie Menschen mit dem Tod leben können, der auch – wie der Tod durch AIDS – sogar durch die Liebe entstehen kann.

Im Glaubensbekenntnis bekennt ihr euch zur Auferstehung Jesu, zum Sieg über Haß und Tod. Ich glaube, darin allein liegt unsere Hoffnung angesichts der tödlichen Bedrohung unseres Lebens, angesichts einer neuen Katastrophe, die schlimmer als die Sintflut wäre. Reiht euch ein in die Schar derer, die dem Tod die Stirn bieten und dem Leben dienen. Vergrößert mit euren Stimmen den Ruf nach Frieden und Abrüstung in der Welt. Seid bereit für ein neues Denken, das im Grunde ein sehr altes Denken ist. Nämlich die Bereitschaft, sich als Teil des Lebens zu verstehen, der gleichberechtigt mit allen anderen Lebewesen – Menschen, Pflanzen, Tiere – seinen Platz hat. Laßt euch immer wieder ermutigen, durch andere Menschen, durch die christliche Verkündigung und die biblische Botschaft. Gott will das Leben, nicht den Tod. Jesus ist das Siegel darauf. Auf seinen Namen seid ihr getauft, und dazu bekennt ihr euch heute. Bleibt diesem Bekenntnis zum Auferstandenen treu. Dazu verhelfe euch Gott.

Pfingsten

Leben und leben lernen

Helmut Siegel   **Johannes 14, 16-19**

Letzten Mittwoch habe ich ratlos vor diesen Versen gesessen. Vor allem am letzten Satz bin ich hängengeblieben: »Ich lebe und ihr werdet auch leben«. Ich hatte das schon oft auf Beerdigungen gehört und gemeint, daß sei ein Satz aus einer Ostergeschichte und nun läßt das hier der Evangelist den Jesus vor Ostern sagen zu seinen Jüngern. Leben die Jünger nicht?

Viel weiter kam ich nicht, denn es war Zeit, zum Proseminar zu gehen. Als ich gerade durch den Katalograum ging, sprach mich ein Kollege an: »Sagen Sie, stört Sie das auch so?« Ich sah ihn erstaunt an. »Na, Sie hören das doch sicher auch«, sagte er, »da sitzt da draußen so ein Ziehharmonika-Spieler, der spielt nun schon ein paar Tage lang jeden Nachmittag unentwegt. Stört Sie das nicht auch?« »Ach so, ja den hab' ich auch gehört«, nickte ich.

»Fürchterlich ist das«, mischte sich eine Studentin ein, die zufällig dabei stand, »man kann sich gar nicht konzentrieren.« Der Kollege war wütend: »Ich überlege, ob wir nicht zu ihm hingehen sollen und uns beschweren, man wird doch ganz wirr dabei! Vor allem: was der da spielt, Schlager und manchen davon gleich immer wieder!« »Na ja«, grinste ich, »während wir uns hier den Kopf zerbrechen, wie wir die Welt wohl verändern, wird da draußen eben gelebt.« »Wir sollten da mit der Veränderung anfangen«, meinte die Studentin erbost«, und ihm mal die Meinung sagen.« »Ich weiß nicht ...«, erwiderte ich zögernd, »sicher, es stört, aber ... das ist eben das Leben draußen.« Mir fielen ein paar Worte aus einem Gedicht von Kurt Marti ein: das sind eben ›Anschläge des unhöflichen Lebens‹ auf uns. Dann gingen wir auseinander.

Daran mußte ich denken, als ich wieder den Text vor mir hatte. Den lebenden Jüngern wurde gesagt: »Ihr werdet auch leben, so wie ich.« Na, leben *wir* denn? dachte ich, wir, die wir arbeiten, Proseminare vorbereiten, griechische Vokabeln büffeln, Konferenzen abhalten und über historische Texteinordnungen streiten?

So einfach ..., wie ich es mir bei dem Gespräch über den Ziehharmonika-Spieler gemacht hatte, war es ja sicher nicht: da draußen, in der Sonne, auf der Bank am Rand der Wiese, bei »Schwarzbraun ist die Haselnuß« und »Junge, komm bald wieder« – da das Leben und hier drinnen in der Bibliothek, in den

Hörsälen, an den Schreibtischen, da die, die eben nicht leben ... so einfach geht das nicht.

Aber: wenn das so nicht ist, woher kommt bei vielen das dumpfe Unbehagen über unseren Betrieb hier? Gespräche mit Studenten fielen mir ein. Da wurde geklagt, daß man statt zu studieren pauken müsse, nicht selbständig nach eigenem Interesse arbeiten könne, sondern immer am Gängelband geführt werde. Mir fiel mein vom Rektorat gehetzter Chef ein, und ich dachte daran, daß ich in diesem Semester immer wieder das Gefühl hatte, du lebst nicht, du wirst gelebt, von den Terminen, den Sitzungen, den unfertigen Vorträgen und den noch nicht nachgesehenen Seminararbeiten.

Leben wir? Mag ja sein, daß es nur dir so geht, dachte ich, vielleicht noch ein paar andere auch das Gefühl haben, statt zu leben, gelebt zu werden. Die andern sind vielleicht ganz zufrieden. Aber: woher kommt dann der massive Ärger über den Ziehharmonika-Spieler? Woher der Wunsch, ihm das Spiel zu verbieten, weil es gerade unsere Arbeit stört?

Ich habe den Eindruck, es fehlt uns allen hier immer wieder das Bewußtsein für die Relativität dessen, was wir tun. Wie könnten wir sonst das, was wir gerade tun, für wichtiger halten als die Musik des Ziehharmonika-Spielers? Ich hoffe, daß es wichtig ist, was ich tue; aber: ist es so wichtig, wie ich's nehme? Wichtiger als alles andere?

Ich lebe – sagt Jesus, und mir fiel ein, wie er sich mit einem unscheinbaren Weizenkorn vergleichen konnte, und ich erinnerte mich daran, welche Distanz er hatte zum Geld, zur Macht, wie er sich durch plärrende Kinder und durch den Kranken, der durchs Dach gelassen wurde, stören ließ – dabei hatte er eigentlich nur ganz wenig Zeit.

Leben wir? Fest steht: Wir arbeiten. Wir arbeiten an Wichtigem. Und am besten arbeiten wir, wenn wir ungestört sind, und am meisten sind wir befriedigt, wenn wir unsere Arbeit allein geschafft haben. Denn: im Ernstfall, beim Vortrag, beim Referat, im Gräcum, da hilft uns ja auch keiner, sind wir ohne Beistand. So arbeiten wir, erfüllen unsere Aufgabe, füllen unsere Rolle aus, – leben wir?

»Ihr *werdet* leben«, sagt Jesus. »Ihr bleibt nicht allein. Ihr bekommt einen Beistand, einen der mich vertritt, ja, in dem bin ich selbst bei euch.«

Ich brauche so einen Beistand, brauche ihn, damit ich leben lerne. Ich brauche einen, der mir auf ganz verschiedene Weise immer wieder vor Augen führt: Das, was du da tust, ist wichtig, aber es ist nicht das Leben, und es ist nicht allein wichtig. Ich brauche keinen, der mich für immer vom Schreibtisch weglockt und mich meine Tage verbummeln läßt, aber ich brauche einen, der mir – sogar durch einen Ziehharmonika-Spieler – deutlich macht: Du kannst es dir leisten, mal einen Tag zu verbummeln, eine Stunde auf der Wiese bei »Schneewalzer« und »Freut euch des Lebens« zu hocken.

Ich brauche einen, der mir mal den Kuli, die Fotokopien, das Buch aus der Hand nimmt, damit meine Hände mal leer sind: bereit, zu empfangen. Ich vermute, wenn dieser Beistand mich leben lehrt, dann kann ich lächeln über den, der den ganzen Nachmittag Musik macht, dann kann ich ganz versunken arbeiten, ohne ihn überhaupt zu hören, weil meine Seele eben schon mal ausgespannt hat und nicht mehr aufmucken muß gegen die Arbeit. Oder ich kann mir, ohne Wut und Bitterkeit, einen Raum suchen, in dem ich die Musik nicht mehr höre – oder ich kann mich hinausführen lassen, von diesem Beistand, für eine Stunde dem zuzuhören, der mit so viel Gefühl »La Paloma« spielt.

Ich vermute, ein solcher Beistand kann mich lehren, daß die Melodie des Lebens ganz anders ist als die Flötentöne, die mir meine Arbeit und die Rollen, die ich zu spielen habe, beibringen wollen. Und so ein Beistand kann mich anleiten, Harmonie in mein Leben hineinzubringen, vielleicht dadurch, daß erst einmal so vieles Langgewohntes zu tanzen anfängt und auf den Kopf gestellt wird.

»Ich sende euch den Beistand«, verspricht Jesus. »Denn ich lebe und ihr werdet auch leben.« Ich kann ihn brauchen. Und darum ist es gut, für mich und möglicherweise auch für Sie – gut, daß in ein paar Tagen Pfingsten ist.

Träume des Lebens

Dorothea Margenfeld   Joel 3, 1-3

Ich möchte als Predigttext für heute einige Sätze aus dem Buch des Propheten Joel lesen. Das sind Worte, die – wenn man dem Evangelisten Lukas folgt – auch der Apostel Petrus in seiner berühmten Pfingstpredigt in Jerusalem aufgenommen hat. (Textlesung)

Es hat schon eine gewisse Tradition, daß wir in der Friedenskirche an den zweiten Feiertagen Lebensbilder erzählen – auch ich möchte das heute tun. Ich möchte Ihnen von Gesine Wagner erzählen. Wahrscheinlich ist das für die meisten von uns ein ganz unbekannter Name – Gesine Wagner? Nie gehört!

Sie war auch erst 19 Jahre alt, als sie starb. Sie machte gerade ihr Abitur. Und eigentlich war es ihr Tod, der sie bekannt gemacht hat – oder genauer: das, was ihrem Tod vorausging.

Ich vermute, daß viele sich noch erinnern an jenes Ereignis an Pfingsten vor drei Jahren:

in Frankfurt fand bei der US Air Base ein »Tag der offenen Tür« statt. Etwa 400.000 Schaulustige warteten auf den Formationsflug der Starfighter. Die Staffel donnerte im Langsamflug tief über die Köpfe der Zuschauer weg – plötzlich änderte eine Maschine ihren Kurs, verlor an Höhe, bäumte sich auf und ging in Sturzflug über.

Das Flugzeug stürzte auf ein Auto, mit dem eine Familie in den Odenwald fuhr: der Pfarrer Martin Jürges aus Frankfurt mit seiner Frau Irmtraud Jürges-Kießling, ihre Kinder – der 11jährige Jan und die knapp einjährige Katharina –, die Großmutter Erna Jürges und Gesine Wagner, die ihr Patenkind Katharina auf dem Schoß hatte.

Gesine Wagner wurde als einzige Überlebende in ein Krankenhaus gebracht. 85% ihrer Haut war zerstört, Verbrennungen 3. und 4. Grades. Sie lebte noch 81 Tage.

»Zeichen am Himmel und auf Erden: Blut, Feuer und Rauchdampf« – viele fangen in diesen Wochen wieder an zu ahnen, daß Gott uns mit solchen Zeichen etwas sagen will. Wir versuchen die Zeichen zu verstehen. Wir versuchen uns über den Weg neu zu verständigen, den Gott uns zeigen will.

»Eure Söhne und Töchter sollen weissagen, eure Alten sollen Träume haben« – das klingt hoffnungsvoll, es ist etwas in Bewegung gekommen. So als ob in schwierigen Zeiten die Menschen wieder neu anfingen aufeinander zu hören – die Jungen auf die Alten und die Alten auf die Jungen, die Herren auf Knechte und Mägde. Sie haben Gesichte und Träume, Alpträume und Visionen von dem, was sein könnte. Ich spüre den Geist der Furcht, aber auch den Geist der Besonnenheit, den Geist der Umkehr, den Geist eines neuen Fragens. In der alten Pfingstgeschichte kommt dieser Geist zu Wort in der erschrockenen Frage: »Ihr Männer, liebe Brüder, was sollen wir tun?« (und: »Ihr Frauen, liebe Schwestern, was sollen wir tun?«) Es ist etwas in Bewegung gekommen, das macht mir Hoffnung.

Ich möchte Ihnen also von Gesine Wagner erzählen – nicht von ihrer Leidenszeit im Krankenhaus, sondern von dem Leben davor. Aus Briefen und Tagebuchnotizen haben Gesines Eltern ein kleines Buch zusammengestellt, das mich sehr bewegt hat, als ich es las. Der Titel heißt: »Im Feuer ist mein Leben verbrannt« (GTB Siebenstern 572).

Ich beginne mit einer Tagebucheintragung, als Gesine 15 Jahre alt war – ein Klassenkamerad von ihr war tödlich verunglückt. Verkehrsunfall. Gesine schreibt in ihr Tagebuch:

»Ich möchte nicht gern sofort tot sein, wenn ich sterbe, sondern lieber arg leiden und wissen, daß ich sterben muß.«

Das klingt auf der einen Seite so ahnungslos, wie eben eine 15jährige vom Sterben redet; aber es steckt darin eine Ahnung, daß das Leben gerade durch den Tod seine Tiefe bekommt. Erst durch das Wissen um seine Zerbrechlichkeit und Vergänglichkeit wird das Leben wirklich kostbar jeder Augenblick wichtig. So wie uns heute durch das Wissen um die Bedrohtheit der ganzen Schöpfung jeder Baum, jede Blume, jeder Käfer ganz neu wichtig zu werden beginnen. Es ist etwas in Bewegung, was tiefer reicht als die Angst – so als ob ganz in der Tiefe Gottes Geist die Liebe zum Leben weckt und stärkt und lebendig hält.

Gesine Wagner will leben, wirklich leben. Und dazu gehört für sie, daß sie dem Tod so viel Leben abringen will, wie sie nur kann. Ich lese aus einem Brief der inzwischen 16jährigen:

»... ich will so viel helfen und verändern: Dritte Welt, Atomkraft, Gefangene und Unterdrückte (amnesty international), und ich weiß gar nicht, wo ich anfangen soll. Kann ich denn überhaupt etwas erreichen? Und wenn ich nichts erreichen kann, dann kann ich doch trotzdem nicht einfach zuschauen, ich muß doch trotzdem etwas tun ... Mein Vater hat gesagt, es gäbe heute schon 15.000 (weiß nicht genau, oder 150.000, ist ja auch egal!) solcher Bomben wie die von Hiroshima und Nagasaki auf der ganzen Welt: 15.000 Bomben, stell Dir das vor! Die kann man nicht vernichten, die bleiben für immer und ewig da und sind gefährlich! Und dann gibt es Leute, denen Atombomben egal sind! ...«

Als ich diese Sätze las und den Zorn und die Angst darin spürte, mußte ich daran denken, daß mich in den letzten Jahren hie und da einmal Mütter gefragt haben, ob die Jungen das eigentlich überhaupt durchhalten können – so viel Wissen um Gefahr, so viel Leid und Schmerzen in der Welt, so viel Schattenseiten des Lebens. Sie können doch nicht die ganze Ungerechtigkeit der Welt auf ihre Schultern nehmen, die Jungen! Sie müßten doch auch noch fröhlich sein können, lustig und leichtsinnig und sorglos – einfach glücklich. Sie würden ja bloß schwermütig mit all ihren düsteren Ahnungen und Prognosen, ihren vergeblichen Warnungen und Protesten, ihren Weissagungen und Träumen. Ich verstehe diese Sorge der Mütter, vielleicht auch der Väter – nur glaube ich, daß wir keine Wahl haben, es sei denn die Wahl, ob wir uns der Angst um die Zukunft stellen oder sie verdrängen. Und wenn wir uns stellen, dann glaube ich, daß wir in unserer Angst gestärkt werden und daß Gottes Geist uns aufstehen und gehen hilft.

Gesine Wagner hat sich auch Gedanken darüber gemacht, wie schwer es ist, glücklich zu sein. Die 17jährige schreibt in einem Brief an ihre Freundin Eri:

»... ich glaube, ich habe einen Hang zum Unglücklichsein, ich merke immer mehr, daß ich eigentlich besser unglücklich sein kann als glücklich. Aber ich möchte mal wissen, wann man überhaupt ›glücklich‹ ist. Schreib mir mal: Wann bist Du glücklich, ohne daß Du gleich an die Dritte Welt, Atomkraft usw. denkst? Also einfach so persönlich, egoistisch, privat glücklich, schreibe mir das bitte mal!«

Gesine möchte sogar Anleitung geben zum Glücklichsein; ein paar Wochen später, im Mai 1981, schreibt sie derselben Freundin:

»... Ich bin im Moment in einer Alleinsein-Phase. Ich kann unheimlich gut mit mir allein glücklich sein, spazierengehen, Geige üben, lesen, schlafen, denken, das ist ganz toll ... Ich glaube, daß Du mal ganz gut so für Dich allein sein kannst, Du freust Dich über die Sonne, eine Wiese, eine Blume, Du mußt Dir nur was Gutes dazu denken, z.B. mach ich immer: ›Wie toll, daß es so eine schöne Blume gibt, daß die einfach so wächst, und daß sie, wenn sie verblüht, dadurch hilft, daß eine neue wachsen kann‹ oder: ›Wie toll, daß die Sonne meine Füße warm machen kann‹ oder: ›Wie toll, daß ich Löwenzahn und Brennesseln essen kann‹ oder: ›Wie toll, daß ein Kind im Mutterleib einfach wachsen kann und daß es dann ein Mensch ist, der denken, fühlen und handeln kann‹ oder: ›Wie toll, daß wir unseren Mund so gut bewegen können, daß wir Laute machen können, die jemand anders versteht und die ihn glücklich oder traurig oder wütend machen‹ oder: ›Wie toll, daß ein Mensch Töne hören kann, Musik, die er verstehen kann und die ihn ganz tief berührt‹. Solche Sachen denke ich dann immer, und dann kann ich ganz glücklich sein, und Du kannst das bestimmt auch.«

»*Eure Söhne und Töchter werden weissagen, eure Alten werden Träume haben*« ...

Auch Gesine Wagner hat Träume. Einige dieser Träume hat sie in ihrem Tagebuch festgehalten, zum Beispiel diesen Traum zum Atomkrieg.

»Traum als Außenstehender«, schreibt sie darüber, »Auto mit Frau, Mann, Kind. – Sie fahren Auto, Flucht vorm Krieg, nach Schweden, wollen aber vorher noch Freunde besuchen, um zu sagen, daß sie flüchten. Sie fahren zu den Freunden, da bin ich auch auf einmal da und sage zu dem Mann, ohne daß die Frau dabei ist: Sie können doch vor dem Atomkrieg gar nicht flüchten, der ist doch schneller als ein Auto! Der Mann: Ja, ich weiß, aber ich habe eine junge Frau und die will ihr kleines Kind noch etwas beschmusen.«

Ich habe an diesen Traum manchmal denken müssen in den letzten Wochen nach Tschernobyl, wenn ich so erlebte, wie Mütter, junge Mütter, ihre Kinder mit einer so intensiven Traurigkeit im Arm hielten und liebten, als wollten sie sie mit ihrer Liebe vor aller Bedrohung schützen; und als wollten sie die Zeit ausnützen, jeden glücklichen Moment, der ihnen geschenkt ist.

Im März 1982 schreibt Gesine in ihr Tagebuch:

»Glücklich kann man nur kurz sein, eine Stunde reicht schon für viele Tage.«

Ein paar Wochen später schreibt sie:

»Mein Traum für heute: Es muß doch ein Leben voller Offenheit geben, wo ich sagen und leben kann, wie es mir grad zumute ist, wo ich aber auch überlegen kann, was ich sage, ohne andere zu verletzen. Meine Fröhlichkeit hat noch nicht so den Ausweg, den sie braucht.« Und am gleichen Tag schreibt sie in einem Brief:

»Meine Deutschlehrerin hat mal nach einer Deutschstunde gesagt: ›Das, was ich euch jetzt sagen muß und was ich euch wünsche, ist: Ihr dürft eure Träume von jetzt in eurem Leben nicht vergessen!‹ Das war so klasse, wie sie das gesagt hat, es ist nämlich genau das, woran ich im Moment zu knacken habe. Ich sehe meine Eltern, meine Lehrer usw., die schon so schrecklich gleichgültig geworden sind. Die können sich gar nicht mehr richtig begeistern, sich nicht mehr freuen, vor Freude singen und springen, können sich auch nicht mehr so aufregen über eine Sache, die sie vielleicht nervt. Was soll ich tun, damit ich meine Freude und Fröhlichkeit nicht verliere? Ich möchte mit 40 noch gegen Atomkraft sein und möchte, daß ich andre, vielleicht meine Kinder, auch zu Fröhlichkeit bringen kann. Wenn mir dann so ein Lehrer sagt: Du darfst deine Träume nicht vergessen, dann hilft mir das. Man müßte viel mehr mit Älteren reden, die könnten uns oft sagen, was wir falsch machen ...« Alle diese Briefe und Tagebucheintragungen sind so voller Erwartung, voller Zukunft und in einem Geist der Hoffnung, der Dankbarkeit und der Freude geschrieben, aber auch in einem sehr wachen Geist der Sorge. »Bitte, nehmt mich ernst in meiner Angst!« schließt Gesine einen ihrer Briefe.

Gesine Wagners Geist ist sehr wach geblieben auch in den 81 Tagen im Krankenhaus, unterm schützenden Plastikzelt, in viele Verbände eingewickelt. Sie konnte nicht selber schreiben, aber sie hat mit leiser Stimme Briefe diktiert an Menschen, die ihr wichtig waren. Auch ihre Träume, Alpträume manchmal, bat sie aufzuschreiben, z.B.:

»Ich schwamm im Wasser und wollte ein ertrinkendes Kind retten. Aber immer, wenn ich es fassen wollte, waren meine Hände wie Klumpen.« Oder:

»Ich habe ganz eigenartige Gegenstände in den Händen. Sie sind furchtbar schwer, ich kann sie nicht loslassen, sie kleben fest, ich kann sie einfach nicht fallen lassen.« Oder:

»Ein schöner Traum, den ich gern öfter geträumt hätte: Ich bin bei meiner Freundin Eri und bade. Es ist wunderbar – als ich aus der Wanne steige, bin ich ganz voll neuer Haut, so richtig rosig frisch, wie bei einem Baby.«

Diese neue Haut, dieser neue Leib ist Gesine Wagner für dieses Leben nicht mehr geschenkt worden. Wenn man sie in ihren letzten Tagen fragte, was sie jetzt als wichtig ansah, dann sagte sie: »Martins Spruch!« und dachte dabei an die Traueransprache für Martin Jürges, die sie sich im Krankenhaus mehrmals hatte vorlesen lassen. ›Martins Spruch‹, das waren die Worte des Engels für den müden Propheten Elia: *»Steh auf und iß, denn du hast einen weiten Weg vor dir!«* Gesine Wagner hat dabei zunächst wohl an den weiten Weg aus ihren schweren Verletzungen zurück ins Leben gedacht und sicher auch an ihren Kampf für das Leben überhaupt.

Dann aber wurde ›Martins Spruch‹ für sie zu einem Wort, aus dem sie Kraft schöpfte für das Sterben. *»Steh auf und iß, denn du hast einen weiten Weg vor dir.«*

Liebe Gemeinde, an diesem Pfingstfest versuchen wir neu zu leben, neu leben zu lernen aus der Kraft der Auferstehung, aus der Kraft des Geistes. Auch wir wollen uns stärken lassen für den Weg, der vor uns liegt – wir wollen aufstehen und ihn gehen, den Weg des Lebens. Und der Geist hilft unserer Schwachheit auf – er hilft uns die Wahrheit sehen, er hilft uns beten, er hilft uns miteinander reden und das Rechte tun. Er sagt: »Steh auf und iß!«, weil er weiß, wie nötig wir jede Stärkung brauchen.

»Gott wird seinen Geist ausgießen über alles Fleisch«, sagt der Prophet Joel. Söhne und Töchter, Knechte und Mägde, Alte und Junge werden die Kraft des Geistes haben – die Kraft des Weissagens und des Träumens, die Kraft der Erkenntnis und die Kraft der Hoffnung. Es werden vielleicht sehr unscheinbare, sehr leise Zeichen sein, die uns auf unserem Weg trösten und stärken, wenn wir wie Elia sagen: ›Es ist genug, Herr, ich bin auch nicht besser als meine Väter – und meine Mütter.‹ So unscheinbare, fast selbstverständliche Dinge werden es sein wie ein Stück Brot, miteinander geteilt, ein Krug Wasser, oder wie die zärtliche, leichte Berührung einer Hand (Gottes Engel brauchen keine Flügel!) oder wie jene Worte, in denen der Geist zu uns spricht: ›Steh auf und iß!‹ – ›Nehmet hin und esset, nehmet hin und trinket – das stärke und bewahre euch!‹

Wir haben, so Gott will, noch einen weiten Weg vor uns. Darum die Bitte: »Komm, Schöpfer Gott, heiliger Geist« – »hilf mir und segne meinen Geist!« Amen.

Gesine Wagner
in memoriam

Der Pfarrer kam nicht

Ernst Arfken

Nur einmal im Jahr war Gottesdienst in der Kirche von Walkershausen. Sie lag ganz nahe an der Grenze. Der kleine Bergwerksschacht, der den Dorfbewohnern Arbeit gegeben hatte, war schon seit vielen Jahren geschlossen. Die Häuser waren verlassen. Die Kirche war das einzige Gebäude, das noch »in Betrieb war«, wenn man es so ausdrücken darf. Und auch das nur einmal im Jahr – am Pfingstsonntag. Auf dem kleinen Friedhof, der die Kirche umgab, waren noch einige Gräber mit frischen Blumen bepflanzt und gepflegt.

Die Ehepaare Behrmann und Warnke waren auf der Autobahn unterwegs nach Walkershausen. Den jährlichen Pfingstgottesdienst in der alten Dorfkirche ließen sie sich nicht entgehen. Sie waren schon etwas spät dran. Aber auf der Autobahn wurden sie dennoch überholt von Autos, die es noch viel eiliger hatten. »Merkwürdig«, sagte Herr Behrmann, der am Steuer saß, »sogar am Pfingstsonntag-Morgen kann es den Leuten nicht schnell genug gehen!«

Jetzt hatten die vier die Abfahrtstelle erreicht. Fünfzehn Kilometer noch, dann waren sie am Ziel. Auf der einsamen Straße kamen ihnen mehrere Autos entgegen. »Da stimmt doch etwas nicht«, meinte Frau Warnke. »Sollten wir uns in der Zeit geirrt haben? Ist der Gottesdienst etwa schon zu Ende?« »Nein«, sagte Frau Behrmann. »Solange ich denken kann, hat er immer um zehn Uhr begonnen.« Als sie vor der kleinen Anhöhe, auf der die Kirche stand, ausstiegen, fiel ihnen auf, daß die Glocken nicht läuteten. An der Kirchtür hing ein Plakat. Drei Menschen standen davor und buchstabierten die Aufschrift. Warnkes und Behrmanns traten näher und lasen: »Wegen plötzlicher Erkrankung muß der Gottesdienst heute ausfallen.« Enttäuscht und etwas ratlos gingen sie ein paar Schritte zurück. »Schade!« sagte einer der drei. »Ich hatte mich so sehr darauf gefreut. Was tun wir nun?« »Es ist so friedlich hier, und die Sonne scheint warm. Wollen wir nicht noch etwas bleiben? Hier auf der Friedhofsmauer können wir gemütlich sitzen und haben noch dazu eine schöne Aussicht.« Dieser Vorschlag von Frau Behrmann gefiel allen gut. Alle sieben machten sich gegenseitig bekannt. Die drei Zuerstgekommenen gehörten zu einer Familie: Frau Martinshagen mit ihrer Tochter und ihrem Sohn.

»Ich war schon sehr gespannt auf die Pfingstpredigt«, erzählte Frau Warnke. »Weihnachten und Ostern feiere ich immer sehr gern, aber mit Pfingsten weiß ich nicht so recht etwas anzufangen.« »Das geht mir auch so«, bestätigte Frau Martinshagen. »Man sagt ja, Pfingsten ist das Fest des heiligen Geistes. Aber was ich mir darunter vorstellen soll, da bin ich doch recht unsicher. Wir haben zwar im Konfirmanden-Unterricht einmal Martin Luthers Erklärung zum Glaubensbekenntnis gelernt: ›Ich glaube, daß ich nicht aus eigener Vernunft noch Kraft an Jesus Christus, meinen Herrn, glauben oder zu ihm kommen kann, sondern der heilige Geist hat mich ...‹ – Doch wie es dann weitergeht, daran kann ich mich beim besten Willen nicht mehr erinnern. Maike und Peter, ihr müßtet das eigentlich wissen. Bei euch ist das noch nicht so lange her wie bei mir.«

»Bei unserem Pfarrer brauchten wir nichts auswendig zu lernen«, antwortete Peter. Maike berichtigte ihn: »Nur das Vaterunser und das Glaubensbekenntnis.« »Ich hab' das auch nicht mehr im Kopf«, riefen Frau Warnke und Frau Behrmann wie aus einem Munde. Doch Herr Warnke wandte ein: »Was Sie da im Gedächtnis behalten haben, Frau Martinshagen, ist doch schon sehr viel und kann uns hier auch weiterhelfen. Wie war das noch mit der eigenen Vernunft und Kraft?« »Daß ich nicht aus eigener Vernunft noch Kraft an Jesus Christus, meinen Herrn, glauben oder zu ihm kommen kann«, wiederholte Frau Martinshagen. »Der Satz ist zwar reichlich lang, aber er leuchtet mir doch ein«, fuhr Herr Warnke fort. »Denn es gibt ja kein Rezept, das man befolgen könnte, und dann wäre man ein gläubiger Christ. Eine unserer Töchter ist aus der Kirche ausgetreten, obwohl sie doch in einem christlichen Elternhaus aufgewachsen ist und obwohl wir darauf geachtet haben, sie nicht religiös zu überfüttern.« – »Haben Sie sie nicht überreden können, Mitglied der Kirche zu bleiben?« – »Nein. Das haben wir nie versucht. Wir haben ihre Ehrlichkeit geachtet und ihr die Freiheit gelassen. Jesus hat auch nie versucht, einen Menschen zum Glauben zu überreden. Ein Glaube, der auf Überredungskunst beruht, hält gewiß nicht lange.«

»Also beruht der Glaube nicht auf Überredungskunst, sondern auf der Wirkung des heiligen Geistes«, folgerte Herr Behrmann. »Und damit hätten wir schon einen Satz, der in der Pfingstpredigt stehen könnte, auf die wir heute verzichten mußten. Mir ist zu diesem Thema noch ein weiterer Gedanke gekommen: Wenn wir unserer eigenen Vernunft vertrauen, dann denken wir, wir würden glücklich, sobald wir uns jeden Wunsch erfüllen können. Aber in Wirklichkeit bringt jeder erfüllte Wunsch wieder neue Wünsche hervor. Glücklich werden wir damit nicht. Wir rennen nur unseren Wünschen hinterher. Erinnern Sie sich noch, wie heute morgen auf der Autobahn die Fahrer an uns vorbeigerast sind? Sie jagen hinter ihrem Glück her, aber sie holen es doch nicht ein. Vor einigen Jahren rasten sie auch schon so, und einige Jahre später werden sie es immer noch tun, wenn es bis dahin keine Geschwindigkeitsbegrenzung gibt.« »Wie wird man denn glücklich?« fragte Maike. »In der Bibel steht, wenn man nicht für sich allein, sondern für andere da ist«, antwortete Herr Behrmann und fügte hinzu: »Und ich denke, diese biblische Weisheit stammt nicht aus der Vernunft, sondern aus dem heiligen Geist.«

Jetzt meldete sich Peter zu Wort: »Wenn ich daran denke, was wir da alles im Geschichtsunterricht gelernt haben! Immer wieder gab es Gewaltherrscher, die Macht haben wollten und immer mehr Macht. Und je mehr Macht sie an sich rissen, je höher sie damit aufstiegen, desto tiefer wurden sie wieder heruntergestoßen. Wenn ich versuche, daraus einen Satz zu machen für die Pfingstpredigt, die wir heute nicht hören konnten, lautete er vielleicht so: Die eigene Vernunft sagt dem Menschen: Strebe nach Macht, dann wirst du glücklich! Der heilige Geiste könnte den Menschen helfen, wie Jesus auf Macht zu verzichten oder sie wenigstens nicht zu mißbrauchen.« »Wenn ich hier die verwitterten Grabsteine sehe«, fügte Frau Behrmann hinzu, »kommt mir auch noch ein Gedanke zu unserem Thema: Unsere Vernunft sagt uns doch, daß mit dem Tode alles zu Ende ist. Nichts auf der Welt hat ewig Bestand. Nicht einmal die harten, schweren Grabsteine. Daß es trotzdem ein ewiges Leben gibt, das kann doch wohl nur eine Eingebung des heiligen Geistes sein.« Danach schwiegen sie alle still. Das Gespräch hatte sie nachdenklich gemacht. Ein wenig vornüber gebeugt schauten sie auf die uralten Grabsteine. Schließlich richtete Frau Martinshagen sich auf und sagte: »Wie wäre es, wenn wir noch ein Lied miteinander sängen?« »Ein Gesangbuch habe ich mitgebracht«, rief Maike. »Daran hätten wir auch denken sollen«, klagte Frau Warnke. »Ich hole welche aus der Kirche, falls da welche sind«, schlug Peter vor. Doch seine Mutter wandte ein: »Die Tür ist abgeschlossen. Aber ›Lobe den Herren‹ können wir wohl auswendig.« Sie stimmte an, und von ihrer klangvollen Stimme fühlten sich alle mitgerissen. Mit gegenseitiger Unterstützung brachten sie alle fünf Strophen zusammen. Die steinerne Kirchenwand wirkte als Schallverstärker. »Nun könnten wir noch gemeinsam das Vaterunser beten und dabei auch an den kranken Pfarrer denken, daß er bald wieder gesund sein möchte«, regte Herr Warnke an. Nach dem Gebet fügte Herr Behrmann die alte Bitte hinzu: »Es segne und behüte uns der allmächtige und barmherzige Gott, der Vater, der Sohn und der heilige Geist.« Dann verabschiedeten sie sich zur Heimreise. Niemand wagte es auszusprechen, und doch empfanden alle dasselbe: Wenn auch der Pfarrer nicht anwesend sein konnte, der heilige Geist war da.

Pfingsten – Fehlanzeige?

Heinz-Dieter Knigge   **Apostelgeschichte 2**

Neulich wollte ich mit unseren Konfirmanden über Pfingsten reden. Aber ich blieb schon im Vorfeld stecken. Kaum hatte ich das Thema genannt, da sagte Insa: »Komisches Wort. Was heißt denn das überhaupt?« – Rolf meinte: »Das steht im Kalender. Zwei Tage frei. Wir fahren immer ins Grüne!«
Pfingsten – Fehlanzeige! dachte ich. Von unseren Kindern weiß wohl niemand mehr so recht, warum wir dieses Fest feiern. Immerhin – einer aus unserer Gruppe murmelte dann doch noch: »Da gab es mal so'n Geist ...« – Ich habe unseren Konfirmanden dann die Pfingstgeschichte vorgelesen, die wir eben als Lesung gehört haben. Ich wollte gerade damit anfangen, diese großartigen Bilder zu erklären: Brausen vom Himmel und Feuerzungen, die die ängstlichen Jünger in ihrem Versteck in Bewegung und unter die Leute bringen. Aber Christa kam mir zuvor. Sie fragte: »Gibt es so etwas auch noch heute?« – Ich dachte: Es stimmt ja! Wie kann ich erwarten, daß Konfirmanden sich auf eine alte Geschichte einlassen, wenn sie denken: Das gibt's ja gar nicht mehr! Also sagte ich: »Gut, Christa. Ich merke, ich muß Euch erst einmal eine Pfingstgeschichte aus unserer Zeit erzählen, bevor wir über die aus der Bibel sprechen können!«
Ich erzählte von zwei Soldaten. Es war Krieg. Verbrannte Erde ringsum und zerschossene Dörfer. Die beiden Soldaten waren Feinde. Der eine hielt Wache am Ufer eines Baches. Der andere lag gegenüber hinter einem Stein versteckt.
Es war trotzdem ein schöner Frühlingstag. Neben dem Stein wuchs eine klei-

ne Birke: der einzige Baum weit und breit, der nicht zerschossen war. Der eine der beiden Soldaten dachte daran, daß die Mutter zu Hause im Mai immer frische Birkenzweige in eine Vase stellte. (Wir hatten früher zum Pfingstfest auch zwei junge Birkenbäume rechts und links vom Altar stehen). Der junge Soldat holte vorsichtig ein Photo aus seiner Tasche. Er sah auf das Bild seiner Mutter.

Dem Soldaten auf der anderen Seite ging es ganz ähnlich. Auch ihn erinnerte der kleine Birkenbaum an zu Hause. Auch er holte vorsichtig ein Bild aus seiner Brusttasche hervor. Er sah seine junge Frau an und die kleine Tochter auf ihrem Arm. Wie ähnlich sich diese beiden Soldaten waren! Aber es war Krieg. Der eine hatte eine graue Uniform an, der andere eine braune. Die beiden Soldaten waren Feinde. Sie sollten sich töten.

Da schlief der Soldat auf der einen Seite des Baches ein, der mit der grauen Uniform. Das war streng verboten. Aber es war gerade kein Kriegslärm zu hören. Es war still wie im Frieden.

Der braune Soldat sah plötzlich den grauen Soldaten. Zuerst dachte er: Der ist tot. Aber dann sah er, wie der andere sich im Schlaf bewegte. Er erhob sein Gewehr und wollte schießen. Aber dann dachte er: »Warum eigentlich? Ich kann ihn immer noch töten!« – Behutsam und sehr leise ging er hinunter zum Bach. Denn er hatte großen Durst. Er wollte trinken. Da sah er die Forellen. Er erinnerte sich an seine Kindheit. Sein Vater hatte ihm gezeigt, wie man Forellen mit der bloßen Hand fangen kann. Er merkte, daß er nicht nur Durst, sondern auch Hunger hatte. Er vergaß den Krieg, den schlafenden Feind am anderen Ufer – er fing eine Forelle, wie früher als Kind. Freudestrahlend hielt er sie in die Höhe.

Da erwachte der Feind am anderen Ufer, der graue Soldat. Erschrocken griff er nach seinem Gewehr. Doch der braune Soldat rief: »Nicht schießen!« Und er zeigte auf seine Forelle. – Der graue Soldat verstand den braunen nicht. Sie sprachen ja jeder eine andere Sprache. Aber trotzdem begriff er, was der braune Soldat meinte. Er ließ sein Gewehr liegen und kletterte hinunter zum Bach.

Noch zwei weitere Forellen fingen die beiden Soldaten gemeinsam. Sie suchten Holz für ein Feuer. Sie brieten die gefangenen Fische an Stöcken: für jeden einen, und die dritte Forelle teilten sie sich. – Der braune Soldat schenkte dem grauen eine Zigarette zum Nachtisch, und der graue Soldat gab dem braunen fünf Streichhölzer ab. Dann zeigten sie einander ihre Photos. Und einer strich liebevoll über das Bild des anderen. Vielleicht, weil sie jeder eine andere Sprache sprachen. Sie verstanden einander trotzdem. Da brach der braune Soldat zwei Birkenzweige ab vom kleinen Baum. Sie steckten die Zweige in die Tarnnetze über ihren Stahlhelmen. Dann gingen sie wieder in Stellung. Aber keiner dachte mehr an Schießen und Töten.

Der graue Soldat wurde abgelöst. »Komischer Zweig an deinem Helm«, sagte der Kamerad. »Das fällt doch auf, wo hier nichts mehr wächst! Du willst wohl ausgerechnet am Pfingstsonntag eine Kugel in den Bauch kriegen!« – »Ach, heute ist Pfingsten? – Ich schieß nicht mehr!« – »Du bist wohl besoffen! Die anderen werden dich erschießen, wenn du nicht schießt. Oder du kommst vor ein Standgericht.« – »Ist mir egal«, sagte der Graue zum Grauen und ging aufrecht übers Feld. »Du bist wahnsinnig«, flüsterte sein Kamerad. »Na, wenn schon«, sagte der Graue, und ging aufrecht weiter, ohne daß ein Schuß fiel.

Ob vielleicht diese neue Pfingstgeschichte auch uns die alte erklären kann? In unserer Konfirmandengruppe hatten wir jedenfalls noch eine ziemlich heftige Diskussion. Die einen meinten: »Man kann doch nicht einfach so aussteigen! Wenn Krieg ist, dann ist eben Krieg. Dann muß man sich töten!« – Die anderen sagten: »Und wenn nun auch der, der zur Ablösung kam, mit dem braunen Soldaten Forellen finge und Photos ansehen würde? Und wenn das alle grauen und braunen Soldaten miteinander täten: dann wäre ja Frieden, Dörfer müßten nicht mehr zerschossen werden und Erde wäre nicht mehr verbrannt – und wir brauchten keine Atombomben mehr für unsere Sicherheit!«

Ich mußte die zerteilten Feuerzungen und den Sturmwind nicht mehr erklären. Eine Ahnung war da von Pfingsten, von der Ausgießung des göttlichen Geistes, der so ganz anders ist als unser Geist, weil er uns Gedanken des Friedens denken läßt und der Versöhnung und der Verständigung untereinander. Eine Ahnung war da von Pfingsten, von dem anderen Geist Gottes, der inmitten der fremden Sprachen Verstehen, Frieden und Liebe schafft.

Eine Ahnung war da in unserer Konfirmandengruppe, daß Pfingsten mehr ist als nur ein komisches Wort. Vielleicht ist diese Ahnung nun auch unter uns. – Jedenfalls habe ich kleine Birkenzweige mitgebracht für Sie. Ich bitte unsere Konfirmanden, sie in der Kirche zu verteilen. Jeder kann seinen Zweig mit nach Hause nehmen zur Erinnerung an Pfingsten, an diesen Gottesdienst, an unsere alte Pfingstgeschichte und an die neue. Zur Erinnerung – und zur Ermutigung, auf jenen anderen Geist Gottes zu vertrauen, der mit Jesus Christus in unsere Welt kam und der auch unter uns wirkt. Manchmal auf komisch-befremdliche Weise, so daß andere sagen: »Sie sind voll süßen Weins.« Auf jeden Fall aber so, daß Leben erhalten wird und fremde, einander oft feindliche Menschen eine neue gemeinsame Sprache lernen.

(Die neue Pfingstgeschichte, die ich nacherzählt habe, kann nachgelesen werden in: Gudrun Pausewang, Friedensgeschichten, Ravensburger TB 969, 1985, S. 7-15).

Erntedankfest

Der arme reiche Mann

Helmut Siegel   **Lukas 12, 16-21**

Ich möchte Ihnen heute die Geschichte eines Mannes erzählen, der lange vor uns lebte. Allerdings: es geht ihm ähnlich wie uns. Ja, die Ähnlichkeit ist verblüffend, wenn man bedenkt, daß es ihm so wie uns materiell gut geht. Und wie wir die Geschichte hören, die Jesus erzählt, hört er eine Geschichte Jesu.

Eigentlich hatte er von den Feldern direkt nach Hause gewollt, jetzt, wo ihm endlich die Lösung des Problems eingefallen war. Aber dann war er stehengeblieben bei diesem Wanderprediger Jesus aus Nazareth. »Du kannst dir jetzt eine kurze Pause gönnen!« hatte er gedacht. »Die nächsten Wochen werden noch anstrengend genug, aber dann ...« Und dann erzählte Jesus gerade diese Geschichte. (Textlesung)

Zuerst war er amüsiert gewesen: »Das ist ja einer wie ich ...«, hatte er gedacht; dann erschrak er: »Woher weiß dieser Jesus das? Ich habe doch mit keinem Menschen darüber geredet! Erst gerade diesen rettenden Plan gefunden!« Und zum Schluß war er zu Tode erschrocken. Als die anderen Bauern Jesus unwillig den Rücken kehrten, hatte ihn einer am Ärmel gezupft: »He, komm mit! Du siehst aus, als könntest du jetzt ein Glas gebrauchen.«

Wie er zu den andern an den Tisch im Wirtshaus gekommen war, wußte er nicht mehr. »Heute nacht noch, heute nacht noch ...« Immer wieder hörte er diesen Satz. »Junge, Junge«, redete ihn Mosche an, »was hat Dich so mitgenommen? Daß auf deinen Feldern die Halme kaum noch die Ähren tragen können? Oder hast du einfach ein bißchen zuviel gearbeitet? Warst ja von morgens bis abends auf den Feldern. Aber der Erfolg gibt dir recht, man muß es dir lassen.«

Mosche wandte sich an die andern: »Also, ich hab es schon immer gesagt: Ein Rabbi, der soll bei seiner Bibel bleiben. Von Landwirtschaft hat dieser Jesus keinen blassen Schimmer. Was sollte er denn machen, dieser reiche Kornbauer? Das Getreide umkommen lassen? Oder etwa verschenken und allen andern den Preis kaputt machen! Er hat das einzig Richtige getan, sag ich. ›Gott‹, ›Seele‹ – was hat das denn damit zu tun! Vernünftige Vorratswirtschaft ist das, nichts anderes!« Ein anderer brummte: »Was diesen Rabbi angeht:

Entweder ist das blanker Neid, weil er es eben zu nichts gebracht hat, oder das ist auch so einer, der meint, alles Angenehme, alles, was zu genießen ist, sei schlecht für den Menschen.«

Vom Nachbartisch mischte sich jemand ein: »Nee, dieser Jesus, der ist durchaus kein Kostverächter! Der ißt und trinkt gern und gut, anders als Johannes der Täufer. Manchmal feiert er sogar bei den Zöllnern mit! – Also, wenn man das große Los gezogen hat, wie der Kornbauer in dieser Geschichte, was kann man dann für ein Leben haben! Allerdings: wenn du dann stirbst, zack: Herzinfarkt ...«

Zum Glück merkte niemand, wie er zusammenzuckte und wieder bleich wurde.

»Papperlap!« Mosche wollte das Thema beenden. »Reine Angstmacherei ist das! Die Armen sterben meist eher als die Reichen. Und überhaupt! Warum sollte man gerade dann sterben, wenn man es geschafft hat! Sieh dir den hier an!« Mosche zeigte auf ihn: »Der reichste Mann im Dorf und kerngesund«, sagt der Arzt.

Mosche hatte recht, genau das hatte der Arzt zu ihm gesagt. Doch es beruhigte ihn kein bißchen, jetzt nicht mehr. »Ich muß gehen«, murmelte er: »Die Arbeit!« Die andern ließen ihn ziehen; er wußte, jetzt würden sie über ihn reden, wie er es geschafft hatte, vor 25 Jahren mit einem kleinen Acker angefangen und jetzt der größte Grundbesitzer weit und breit und mit was für großartigen Ernteaussichten in diesem Jahr! Er wußte, was sie erzählten über ihn, bewundernd und neidisch. Und er wußte auch: Was sie zu der Geschichte von diesem Jesus gesagt hatten, war falsch. Er mußte es schließlich wissen, denn das war ja *seine* Geschichte. Beruhigen hatten sie sich wollen, die Drohung abschütteln, das war alles.

Er stöhnte: »Heute nacht noch wird Gott deine Seele von dir fordern ... Von mir! Aber warum, Jesus? Warum jetzt sterben, wo ich es endlich geschafft habe? Was ist denn falsch daran, was ist falsch daran gewesen?«

Aus dem Hof des kleinen Bauernhauses am Weg drang Lachen, und er sah die ganze Familie am Tisch sitzen. Er ging zu ihnen, und nach einem Gruß sagte er: »Wie, Simon, ihr feiert?« – »Ja«, antwortete er fröhlich, »mein Korn wächst jetzt ja von allein!«

»Wieviel wirst du ernten?« – »Etwas weniger als im Vorjahr!«

Er schüttelte den Kopf: »Und dann feierst du? Mensch, da kommst du ja gerade mal so über den Winter! Reserven hast du überhaupt keine.«

Simon wurde ernst: »Eben deswegen feiere ich. Weil Gott mir und meiner Familie soviel gegeben hat, daß wir über den Winter kommen. Wenn ich jetzt auf dem Acker stünde und noch Kraut ziehen würde ... gut, ich würde vielleicht fünf Prozent mehr ernten. Aber jetzt, siehst du, jetzt lebe ich, ich lache meine Frau an, spiele mit meinen Söhnen, lasse mir den Wein schmecken und danke Gott, daß er mir das alles schenkt und mein Leben dazu.«

Er wandte sich ab. »Nein, Simon würde es nie zu etwas bringen ...«, dachte er, aber dann schoß ihm wieder diese Geschichte durch den Kopf mit ihrem »Heute nacht noch ...«, und er dachte: »Und wozu hast du es gebracht? Du bist ein reicher Mann – und in 24 Stunden eine reiche Leiche. In vier Wochen wärst du der reichste Mann des Landes, nur: Dann fällt dir im Grab schon das Fleisch von den Knochen.«

Er trat durch das Tor seines Guts. »*Mein* Gut!« Er lächelte bitter, »Wer wird es wohl kaufen von meiner Witwe, in einem Monat oder in einem Jahr?!«

Aus Gewohnheit ging er in sein Zimmer. Als er sah, wie tief die Sonne schon stand, erschrak er. Es klopfte, sein Verwalter trat ein und wartete stumm. »Nun, Herr?« fragte er schließlich. »Was willst du tun?«

Er antwortete nicht.

»Wenn ich mir einen Vorschlag erlauben darf ...«

»Du meinst, ich soll riesige Scheunen bauen, nicht wahr«, sagte er langsam.

»Dann könnte ich abwarten. Bei den andern ist die Ernte nur durchschnittlich, aber bei mir ...«

»Bei dir steht sie prächtig, Herr, dank deiner Tüchtigkeit und Klugheit«, unterbrach ihn der Verwalter. »Pah«, schnaubte er verächtlich. »Wenn dann das Getreide knapp würde wie jedes Jahr, würde ich meins zum Verkauf anbieten, nicht alles auf einmal, nein, immer ein wenig, damit der Preis schön hoch bleibt ...«

»Und ihr wäret in einem halben Jahr reicher als der Gouverneur«, sagte lächelnd der Verwalter. »Ja, und ein paar Tausend wären verhungert, weil sie sich mein teures Getreide nicht leisten können!«

»Verzeiht, Herr, aber das ist ja doch nicht *euer* Problem. – Soll ich den Architekten hereinholen, Herr? Ich habe mir erlaubt, ihn schon ...«

»Schick ihn nach Hause«, sagte er müde.

»Aber die Zeit drängt, Herr! Jetzt könnten wir es noch schaffen. Es wäre zwar vier, fünf Wochen harte Arbeit für uns alle, auch für euch, aber dann, bedenkt dann, welch ein Gewinn!«

»Schick den Architekten fort«, sagte er hart. »Ich baue keine neuen Scheunen, jetzt nicht, und auch später nicht mehr.«

»Dann war all deine Mühe umsonst«, murmelte der Verwalter.

»Wie recht du hast, mein Lieber«, sagte er, »all meine Mühe war umsonst. Ich habe gearbeitet, ach was, geschuftet, den Tag und oft die Nacht noch dazu, niemand weiß das besser als du.

Ja, ich habe es zu etwas gebracht, nur: Was habe ich davon? Ich habe ein Haus am Meer – wann habe ich das letzte Mal faul am Strand gelegen? Ich habe einen Vierspänner nur zum Spazierenfahren – bin ich mehr als zweimal damit gefahren? Ich habe einen Enkel. Wann habe ich das letzte Mal mit ihm gespielt? Wann mir die Zeit genommen, meiner Frau übers Haar zu streicheln und sie zu küssen?«

Er wanderte erregt durch den Raum: »Ich war mein eigener Sklaventreiber. Leben? Genießen? – Später«, habe ich gedacht. »Erst noch dies«. »Dann, wenn jenes getan ist.« Und du sagst dasselbe: »Vier Wochen Arbeit noch, dann ...« – »Und wenn ich heute sterben muß, heute nacht noch? Wann habe ich dann gelebt? Wann? – Laß mich allein!«

Als der Verwalter gegangen war, saß er lange am Tisch und brütete vor sich hin. Dann schrieb er langsam auf ein Pergament:

»Ich war ein *kluger* Mann: Vorausschauend habe ich mir Acker auf Acker gekauft, habe die neuesten Methoden des Anbaus, der Düngung gekannt und die besten Pläne gehabt.

Ich war ein *reicher* Mann: Ich habe, was ich brauche und noch viel mehr, was ich nicht brauche, aber haben wollte.

Ich *bin* ein *armer* Mann: Ich habe alles, was man zählen, wiegen und messen kann, aber nichts mehr von all dem andern: von der Liebe, der Freundschaft und vor allem der Lebenszeit.«

»Ich *bin* ein *dummer* Mann: Ich habe soviel vergessen. Ich habe vergessen, daß ich mein Leben nicht aufsparen konnte, nicht speichern wie Korn. Ich habe nur meine Leistungen gesehen und den vergessen, der es wachsen läßt. Ich war stolz auf meine Tüchtigkeit und habe den vergessen, der mir den Verstand gab und die Hände, der meine Lebenszeit gibt und begrenzt.«

»Immer habe ich gedacht: Gott hat dich gesegnet, weil du dies alles hast. Jetzt begreife ich: Mit all dem, was ich habe, hat Gott mich geprüft. Und ich habe die Prüfung nicht bestanden. Über den Gaben habe ich den Geber vergessen.«

»Ich habe gedacht, ich sei ein kluger Mann, aber ich bin ein Narr, ein Dummkopf. Jesus hat recht!«

Er faltete das Pergament, versiegelte es und schrieb darauf: »Mein Testament.« Als seine Frau kam und ihn bat, doch mit ins Bett zu gehen, lehnte er ab. Er küßte sie und meinte, diese Nacht wolle er wachen.

Wie es weiterging, liebe Gemeinde? Hat er den nächsten Morgen erlebt? War er dann wieder ganz der Alte oder ein anderer, der endlich lebte? Oder fand man morgens seine Leiche, wie in der Geschichte, die Jesus erzählte? Ich weiß nicht, wie diese Geschichte ausgeht.

Ich weiß nur, Sie und ich sind Leute wie er. Nicht so reich, aber eben Menschen, die meinen: »Haste was, dann biste was« und dabei das Leben vergessen. Und darum ist es gut, daß ich nicht weiß, wie diese Geschichte ausgeht. Denn dieser reiche, arme Mann, dessen Geschichte ich erzählt habe, hat deswegen keinen Namen, damit Sie Ihren und ich meinen Namen einsetzen können. Und Sie und ich werden ja erleben, wie es weitergeht, bei uns, nach diesem Tag, an dem wir wie dieser Mann Jesu Gleichnis vom reichen Kornbauern gehört haben. Gebe Gott unserer Geschichte ein gutes Ende!

Kartoffelpredigt

Klaus Zillessen   **Psalm 104, 13b-15, 24, 27f, 33**

Heut will nicht ich, der Pfarrer, eine Predigt halten, sondern – eine Kartoffel will euch von sich erzählen. Hört zu, was die Kartoffel zu sagen hat (auf der Kanzelbrüstung steht eine Figur mit Kopftuch und Schürze, in der Art einer Kasperlpuppe: ihr Kopf besteht aus einer großen Kartoffel):
Ich bin nur eine Kartoffel. Ich bin nicht besonders fromm: In der Bibel komme ich überhaupt nicht vor. Ich bin auch nicht so schön wie die Tomate oder der Apfel. Ich bin nur eine einfache Kartoffel – und immer ein bißchen erdig und schmutzig wie die Knie von kleinen Jungen. Meine Spielkameraden sind – Regenwürmer. Im Vertrauen gesagt: meine grünen Blätter und Früchte sind sogar ein bißchen giftig. Die Menschen sagen, ich sei ein »Nachtschattengewächs« – das klingt fast schon so, als wollten sie damit sagen, daß ich unmoralisch sei! Trotzdem: Auch mich hat der liebe Gott geschaffen: »Er macht das Land voll Früchte, er läßt uns wachsen für das Vieh und zu Nutz dem Menschen!« Dazu also bin ich da: »für das Vieh und zu Nutz den Menschen.« Das heißt: Ursprünglich eigentlich dazu, daß man mich in der Erde läßt, damit ich keime und wachse und neue Kartoffeln bringe. Aber die Menschen meinen, dazu sei ich nicht gut genug. Ich bin keine auserwählte »Saatkartoffel«, sondern nur eine ganz gewöhnliche »Speisekartoffel«, schlichtweg dazu da, aufgegessen zu werden. Ich bin dazu da, daß Kinder satt werden und große Leute so stark bleiben, daß sie arbeiten und denken, rechnen und hantieren können.
Ob die mir das danken werden? – Oder wenigstens dem danken, der mich hat wachsen lassen? – Und ob die mit den Kräften, die ich ihnen gebe, was Gutes anfangen werden? –
Wenn ich überhaupt nur gegessen werde, freu ich mich schon: dann bin ich doch zu was nütze! Manche von uns Kartoffeln werden nämlich auch einfach auf Abfallhalden geschüttet, waggonweise, weil's angeblich zu viele von uns gibt – »die Erde ist voll deiner Güter, Herr« – *zu* voll?? –
Dabei verhungern anderswo Tiere und Menschen, zum Beispiel in Asien, Südamerika und Afrika: »Alles wartet auf Gott, daß er ihnen Speise gebe zu seiner Zeit.« Dort, wo gehungert wird, müßte ich doch helfen können! Solch ein Hungriger in Afrika, der hätte mich doch sicher lieb, zum Reinbeißen lieb! Der würde bestimmt nicht sagen: »Kartoffeln mag ich nicht!« Eine große Reise mit dem Flugzeug oder mit dem Schiff nach Südamerika zu den Menschen, die Hunger nach mir haben, das wäre gut! Aber wahrscheinlich wird nichts draus! Die Menschen hier in meiner europäischen Heimat sagen; ich solle mich was schä-

men: zu viel Transportkosten würde ich verursachen, viel zu viel Platz nähme ich weg und zu schwer sei ich. Ich sei längst verfault, bevor mein Schiff sein Reiseziel erreicht hätte. – Muß ich nun ein schlechtes Kartoffelgewissen haben, wenn drüben überm Meer die Menschen verhungern müssen, nur weil ich zuviel Transportkosten verursache? – (Oder sollten vielleicht doch eher die *Menschen* das schlechte Gewissen haben, die mir die Reise nicht bezahlen wollen?)

Wenn daraus schon nichts wird – hoffentlich komme ich dann wenigstens hier bald auf einen Tisch. Ich bin gespannt, wie das sein wird, wenn ich mit andern zusammen in einer Schüssel auf der Mitte des Tisches dampfe. Ob dann ein Vater oder Kinder strahlend sagen werden: »Gott sei Dank: Heute gibts Kartoffeln?« – Und ganz im stillen meiner sentimentalen Kartoffelseele träume ich davon, daß die Familie dann die Hände zu einem Tischgebet faltet und sagt:

> »Ich will Gott danken.
> Ich will dem Herrn singen mein Leben lang
> und meinen Gott loben.«

Wenn ich, eure Kartoffel, dazu der Anlaß werden würde, dann würde mich das freuen! Dann wüßte ich, wozu ich da bin!

Freuet euch der schönen Erde!

Dietrich Mendt **Psalm 24, 1f.**

Wenn Jesus heute so unter uns lebte wie vor dem Karfreitag, dann würde er uns folgendes Gleichnis erzählen:

Mit der Welt ist es wie mit einem Kinderzimmer, das einem kleinen Jungen gehörte. Er hatte einen reichen und überdies sehr gütigen Vater, der ihm alles schenkte, was er brauchte – und noch viel mehr! So hatte er nicht nur ein eigenes Bett und einen Schreibtisch, sondern auch einen Spielzeug- und einen Werkzeugschrank und Bücherregale und natürlich auch einen Tisch und zwei Sessel und eine Couch. Und er besaß alles Spielzeug, das man sich nur denken kann, Roller und Tretauto, einen ferngelenkten elektrischen Traktor, sieben verschiedene Holz- und Metallbaukästen, dreizehn Autos in den verschiedensten Größen, Dutzende von Spielen und natürlich auch Bilderbücher und Märchenbücher und Abenteuerbücher, dazu ein komplettes Werkzeug, sogar einen Lötkolben und eine Handbohrmaschine. Und weil der Junge so viel Spielzeug besaß, merkte er gar nicht mehr, welche Liebe hinter allen Geschenken steckte, die er jedes Jahr zum Geburtstag und zu Weihnachten und zum Schuljahresschluß und zum Sportfest bekam, selbst wenn er nur den dritten oder vierten Platz belegte. So ging vieles kaputt, und vieles machte er kaputt – weil er nicht aufpaßte, weil er nicht aufräumte, und manchmal auch, weil er einfach Wut hatte und deswegen ein Auto in die Ecke warf oder sogar zum Fenster hinaus.

Manchmal freilich sehnte er sich plötzlich nach dem Teddy, dem er das ganze Fell zerrissen hatte, und nach dem Traktor, dem er die Räder amputierte, und nach dem Buch, aus dem er siebenundzwanzig Seiten herausgerissen und zu Papierschiffchen gefaltet hatte. Dann kam es wohl vor, daß er zu seinem Vater ging und jammerte:

»Mein Auto ist kaputt. Und ich möchte so gern damit spielen!« Der Vater beschaute sich den Schaden, und dann sagte er: »Da ist leider nichts mehr zu machen. Es sind ja nur noch zwei Räder dran, und Ersatzräder gibt es nicht!« Oder: »Tut mir leid, aber fehlende Seiten in einem Buch kann man nicht ersetzen!« Oder: »Du hast sämtliche Würfel in den Ofen geworfen, also gibt es kein ›Mensch ärgere dich nicht‹ mehr.« Manchmal aber zeigte ihm der Vater, wie er den Schaden wieder heilen könne, und sie flickten beide den kleinen Planwagen zusammen, mit dem die Cowboys vor dem hölzernen »Saloon« vorfuhren, ganz wie in einem Wild-West-Film. Oder sie leimten den abgerissenen Buchdeckel von Karl Mays »Schatz im Silbersee« an – und das Buch sah fast aus wie neu. Mitunter ermahnte dann der Vater seinen Jungen: »Mit Geschenken geht man besser um!« Und wenn der Junge in Wut geriet und gerade seine Weltzeituhr aus Plaste an die Wand werfen wollte, besann er sich mitten im Wurf und sagte vor sich hin: »Mit Geschenken geht man besser um!« und stellte die Uhr vorsichtig ins Regal zurück. Und am nächsten und übernächsten Tag und auch nach einer Woche mußte er jedesmal lächeln, wenn er die Uhr stehen sah und hatte seine Freude dran. So ist es auch mit der Welt, die euch mein Vater geschenkt hat, würde Jesus sagen. Es gibt schon fast keine Adler und keine Bären mehr, und manche wunderschönen bunten Schmetterlinge sind ausgestorben, durch eure Schuld. Und die Fichten zeigen braune Nadeln und die Buchen sterben ab – ihr habt sie zerstört. Mit Geschenken geht man besser um. Wer Ohren hat zu hören, der höre! Freuet euch der schönen Erde!

Buß- und Bettag

Wie einer anfing, Buße zu tun

Anselm Friederich   **Jeremia 45**

Es lebte ein Mann im alten Jerusalem, der hieß Baruch. Die Zeit, in die er hineingeboren wurde, war eine böse Zeit. Wer sehen wollte, was auf Jerusalem zukam, der mußte für die Stadt das Schlimmste befürchten.
Von außen und von innen drohte ihr die Vernichtung. Von außen durch zwei Großmächte – Babylon im Osten, Ägypten im Westen, beide darauf aus, ihre Machtkämpfe auf dem Rücken von kleinen Völkern auszutragen.
Von innen durch seelischen Verfall – bitter und zynisch waren die Jerusalemer geworden, mitleidlos gegen Schwache und Arme, taub für Gott, blind ergeben den falschen Hoffnungsparolen ihrer Regierung.
Wie gesagt, wer sehen wollte, was in und um Jerusalem geschah, der mußte Angst bekommen. Aber die meisten wollten nichts sehen. Sie wollten sich nicht ängstigen. Sie hatten Angst vor der Angst, deshalb schauten sie lieber weg. Fast alle, bis auf ein paar wenige.
Zu diesen wenigen aber gehörte Baruch.
Baruch hatte erkannt, wie bedrohlich die Zeit war. Er sah, daß die Jerusalemer nur so taten, als hätten sie keine Angst, in Wahrheit aber verzweifelt waren.
Er ahnte, daß die vielbeschworenen Kontakte mit dem Osten und Verteidigungsbündnisse mit dem Westen die große Katastrophe für Jerusalem nicht verhindern würden. Je klarer ihm jedoch das alles wurde, desto ratloser wurde er auch.
Was soll ich tun, an wen soll ich mich halten? fragte er sich.
Da lernte er jemanden kennen, der ihm ein Halt wurde und bei dem er Arbeit fand. Ein schwieriger Mann war das, der stundenlang allein dasaß, manchmal tieftraurig und still vor sich hinweinend, dann wieder so zornig, daß er fast platzte. Doch dann konnte er aufstehen, hinausgehen auf die Straße und anfangen zu predigen:
Worte wie Feuer, Sätze wie Hammerschläge. Jeremia hieß der Mann, Jeremia aus dem Dorf Anatot, der sich je länger je mehr zum großen Bußprediger Jerusalems entwickelte. Der faszinierte Baruch. Ihm schloß er sich als Begleiter an. Er ging mit, wenn Jeremia irgendwo auftrat. Er erlebte mit, wie man in Jerusalem die Predigt des Propheten aufnahm: Manche waren betroffen, ande-

re wurden aggressiv. Die Aggressionen bekamen mit der Zeit die Oberhand. Es wurde gefährlich für den Propheten und seinen Freund, zumal sie dem König ein Dorn im Auge waren.

In diesen Tagen schrieb Baruch alle Worte auf, die Jeremia öffentlich gesagt hatte. Eine lange Buchrolle füllte er. Die wurde dem König zugespielt. Der König aber verbrannte sie, Stück um Stück. Er konnte die Wahrheit nicht ertragen, die aus Jeremias Worten sprach. Er hatte Angst vor der Wahrheit, wie die Bücherverbrenner aller Zeiten.

Als Baruch erfuhr, was mit der Schriftrolle passiert war, bekam auch er Angst. Angst vor dem Zorn des Herrschers, der Jeremia drohte und ihm selbst. »Jetzt müssen wir den Mund halten«, sagte er zu dem Propheten. »Du predigst nicht mehr, ich schreibe nichts mehr auf, sonst bringen wir uns selbst ins Unglück.« Doch Jeremia schüttelte den Kopf. »Nein, Baruch«, sagte er, »so einfach geht es nicht. Komm, setz' dich, ich diktiere dir meine Worte nochmal.«

Baruch schrieb und schrieb, die Buchstaben tanzten ihm vor den Augen. »Worauf habe ich mich eingelassen?« dachte er bei sich. »Haben die Leute nicht recht, wenn sie sagen, Jeremia geht zu weit? Was soll das, so allein gegen die Masse anzukämpfen? Warum mache ich das mit? Den Schreiber haben sie mit ihm ermordet, wird es vielleicht eines Tages heißen. Soll ich ein Märtyrer werden? Wer hat was davon? Wenn es einer hört, wird er müde mit den Schultern zucken. Ist das alles, was ich vom Leben zu erwarten habe: Eine tragische Randfigur zu sein, mehr nicht ...?«

Endlich war die Rolle fertiggeschrieben. Wieder mit den vielen befremdlichen Worten, die sich alle um eines drehten:

»Tut Buße! Kehrt um! Es ist möglich! Es hat Sinn!« Baruch legte den Stift weg, erschöpft und innerlich zerrissen. Er schaute auf, seine Augen fanden den ruhigen Blick des Propheten. Beide sagten eine Weile nichts. Dann kam es aus Jeremias Mund, langsam, Wort für Wort:

»So spricht der Herr Zebaoth, der Gott Israels, über dich, Baruch: Du sprichst: Weh mir, wie hat mir der Herr Jammer zu meinem Schmerz hinzugefügt! Ich seufze mich müde und finde keine Ruhe. Sag' ihm: So spricht der Herr: Siehe, was ich gebaut habe, das reiße ich ein, und was ich gepflanzt habe, das reiße ich aus, nämlich dies mein ganzes Land. Und du begehrst für dich große Dinge? Begehre es nicht! Denn siehe, ich will Unheil kommen lassen über alles Fleisch, spricht der Herr, aber dein Leben sollst du wie eine Beute davonbringen, an welchen Ort du auch ziehst.« –

Wortlos verließ Baruch das Haus des Propheten, ging heim und schloß sich ein. Er mußte allein sein. In seinem Inneren arbeitete es.

»Du sollst dein Leben davonbringen«, – sie würden ihn also nicht totschlagen. Er sollte kein Märtyrer werden. Er sollte durchkommen. Aber nicht als Held, sondern wie ein Räuber mit seiner Beute. Kein ehrenvoller Vergleich; Räuber zu sein, war nie Baruchs Ideal gewesen. Aber seine Ideale mußten sich überhaupt ändern. »Du begehrst Großes für dich«, hatte Gott zu ihm gesagt. Das stimmte. Baruch hatte immer Großes aus seinem Leben machen wollen. Nicht im äußerlichen Sinn, – große Geschäfte, eine große Villa, große Erfolge bei den Frauen, das waren nie Baruchs Ideale gewesen. Er hatte mehr gewollt, »Größe« hatte für ihn einen feineren Sinn gehabt. Er hatte ein großer Mensch werden wollen auf tiefe Weise: Durch Zucht, Mut und Fleiß. Durch radikales Fragen nach Gott. Durch kompromißloses Eintreten für die Wahrheit. Er hatte ein Heiliger werden wollen in dieser Unheilszeit, ein Mann Gottes in dieser gottlosen Stadt. Das waren seine Ideale gewesen, und sie hatten ihn immer stolz gemacht. Er war stolz darauf gewesen, weiter zu sehen als die Masse, tiefer zu empfinden und edlere Hoffnungen zu haben als sie. Er war im Grunde auch stolz darauf gewesen, daß diese Ideale ihm das Leben nicht leicht gemacht hatten, daß er sich ihretwegen oft gequält hatte. Sein Leiden hatte zu seinen Idealen dazugehört, das hatte er immer gewußt. Nun aber war Gott ihm ausgerechnet an diesem Punkt entgegengetreten. Gerade seinem Wunsch, etwas Großes aus sich zu machen, hatte Gott sich in den Weg gestellt.

»Du begehrst für dich große Dinge? Begehre es nicht!« Er sollte kein Heiliger werden. Er sollte nicht weiter versuchen, eine große Gestalt aus sich zu machen. Nicht an sich und seinem Leiden, sondern an Gott und Gottes Leiden sollte er erfahren, was Größe ist. »Siehe, was ich gebaut habe, das reiße ich ein, und was ich gepflanzt habe, das reiße ich aus, dieses mein ganzes Land.« Gottes Leiden an den Menschen, ihrer Schuld und ihren Verirrungen, das sollte Baruch in seiner Größe aufgehen. Dafür sollte er Augen bekommen. Das sollte er spüren lernen. »Mitten unter uns leidet Gott«, das sollte er wissen. Vor der Größe von Gottes Leiden aber sollte ihm klein werden, was er aus sich machen wollte. An der Größe von Gottes Leiden sollte ihm deutlich werden, wie lieb dem Schöpfer seine Schöpfung sei. Auch noch die gefallene Schöpfung, die besudelte, mißbrauchte, verseuchte und vergiftete Welt. Auch sie hatte Gott »mein ganzes Land« genannt. Für sie zu arbeiten und zu beten, für sie zu weinen und zu hoffen, ohne sich besser zu fühlen als die gedankenlose Menge, ohne sich größer vorzukommen als die gottfernen Zeitgenossen: Das sollte Baruchs Weg sein. Dafür sollte er leben. Dazu wollte Gott ihn bewahren. Ein Mensch sollte er sein, ganz und gar, ein weltlicher Mensch, offen für die Erfahrungen und Schmerzen des Diesseits, ein Mensch ohne den Ehrgeiz, Großes aus sich zu machen, sondern bereit, sich Gott in die Arme zu werfen. Solche Gedanken stiegen in Baruchs Einsamkeit auf. Hin und her bewegte er das Prophetenwort in seinem Herzen.

So fing der Mann Baruch an, Buße zu tun.

Dann aber tanzte es wieder ...

Karl-Heinz Ronecker

Als Gott das Wasser erschuf, war es eines seiner fröhlichsten Geschöpfe.
Es schoß singend von den Bergen, und selbst im Tal plätscherte es noch vergnügt vor sich hin.
Sooft es die Erde berührte, blühten Gräser und Blumen auf. Tiere kamen zum Wasser und Menschen. Die sagten alle: »Wie schön du bist. Wie gut, daß es dich gibt.«

Das freute das Wasser. Es rauschte noch lauter und wenn es besonders gute Laune hatte, sprang es weit in die Höhe, so daß ein feiner Nebel entstand.
Der leuchtete in der Sonne in allen Farben.
Das Wasser wurde fast ein bißchen eitel.
»Seht mich an«, rief es und lachte.

Zu Zeiten wurde es sogar so übermütig, daß es über die Ufer trat und wild durch das Land floß.
Eines Tages sah es dabei zurück und erschrak.
Wiesen und Äcker waren überschwemmt. Tiere kämpften um ihr Leben. Pflanzen waren abgerissen und trieben ohne Wurzel dahin.
»Nein«, schrie das Wasser auf, »das habe ich nicht gewollt. Ich bin doch da, um Leben zu geben und nicht, um es zu zerstören.«

»Alles hat zwei Seiten«, sagte ein Rabe, der gerade über eine versumpfte Wiese flog und sich auf einer Weide niederließ. »Alles hat zwei Seiten. Nichts im Leben ist nur gut. Finde dich damit ab. Im übrigen hat auch deine Wildheit ihre nützliche Seite. Du kannst Schmutz mitnehmen und alte, leblose Dinge unter dir begraben.«

Der Rabe galt als besonders weise.
Das Wasser war von seiner Antwort trotzdem nicht befriedigt. Es wurde immer trauriger und wollte schon aufhören zu fließen. An einigen Stellen war es bereits ganz grün und trübe geworden.

Vielleicht wäre es gestorben, wenn nicht Gott selbst zum Wasser gesagt hätte:
»Sei nicht so verzweifelt. Ich will etwas ganz besonderes aus dir machen. Du sollst zum Zeichen der Taufe werden. Da sind deine beiden Seiten wichtig.
Du sollst von der Freude reden, die es macht, zu mir zu gehören. Du sollst aber auch davon erzählen, daß im Leben der Menschen Altes und Schlechtes zurückbleiben und wie weggeschwemmt sein kann.«

Da fing das Wasser wieder an zu strömen.

Manchesmal dachte es über alles nach, was es erlebt hatte, und wurde dunkel und tief.

Dann aber tanzte es wieder und sang.

In unsere Sprache übersetzt sagte es dabei: »Danke, Gott, denn es ist schön, daß du da bist. Das Schönste aber ist, daß du das Leben willst.«

Volkstrauertag – Ewigkeitssonntag

Gott unter die Augen treten

Helmut Siegel   **2. Korinther 5, 1-9**

An irgendeinem Tag vor 40 Jahren. An irgendeiner Front liegt ein Mann. Er ist tot. Hundert Meter von ihm entfernt kleine versprengte Gruppen von Soldaten. Jeweils einer von ihnen wird bestimmt, Essen für die anderen zu holen. Einem dieser Essensholer wird gesagt: »Denk dran, daß ihr ihn mitnehmt, er liegt vorne an der alten Flakstellung. – Weißt du, es ist ein halber, in einer Zeltbahn.«

Als die Essensholer sich treffen, braucht keiner etwas zu sagen, alle sind sich einig: »Wir nehmen ihn mit, ihn, der nur noch ein Bündel von Fleisch und Knochen ist.«

Wer diese Geschichte von Heinrich Böll heute liest, der mag sich fragen: »Warum eigentlich? Warum bringen sich diese vier Essensholer in Lebensgefahr, bergen diesen halben Toten? Gut, das gehört sich so, es ist für die Angehörigen tröstlicher, an einem Grab stehen zu können – aber für den jungen Pionier, der nur noch halb da ist, ist das doch völlig bedeutungslos, oder?« »Mit dem Tod ist doch alles aus«, sagen die einen, »was dann mit den Überresten geschieht, ist doch egal!« Andere sagen: »Wichtig ist doch nur die unsterbliche Seele des Menschen, da ist es doch egal, was mit dem Körper geschieht! Oder nicht?«

Zwei völlig verschiedene Antworten auf die Frage, was kommt nach dem Tod, und beide kommen doch zum gleichen Ergebnis. Mich wundert das, und ich habe mich gefragt, ist das auch sonst so?

Ist mit dem Tode alles aus, haben die Toten keine Bedeutung mehr? Der Umgang mit ihnen ist nicht mehr von Ehrfurcht bestimmt, sondern ich benutze sie, wie ich eben Dinge benutze: als warnendes oder glorreiches Beispiel, als Zahlenmaterial zur Aufrechnung von Leiden und Schuld.

Ist für mich mit dem Tod alles aus, so ist allein wichtig, daß ich lebe; angenehm, gut und möglichst lange. Da das alle wollen, es aber nicht alle können, muß ich meine Ellenbogen benutzen, um möglichst viel vom Kuchen abzukriegen. Jede Gelegenheit zum Genuß muß ich nutzen, denn das Leben ist kurz.

Ist mit dem Tod alles aus, so giere ich nach Leben und habe Angst um das, was mir das Leben wertvoll macht. Ich sehe es bedroht von allen, denen es nicht so gut geht wie mir, und es ist mir klar: Sie wollen es mir wegnehmen. Dagegen muß ich mich schützen. Schützen, indem ich dem anderen den Tod androhe, den immer sichereren, durch immer perfektere Waffen. Ich setze dabei voraus: Der andere denkt genauso wie ich, auch für ihn ist mit dem Tod alles aus, und darum wird er sich nicht in Todesgefahr bringen wollen. Das Prinzip der Abschreckung – eines seiner Elemente – ist die Überzeugung: »Mit dem Tod ist alles aus!«

Glaube ich an die Unsterblichkeit der Seele, ist für mich das, was mit dem Körper geschieht, unwesentlich. Das gilt sowohl für den Leichnam wie auch für die Lebenden. Solange das, was ich tue, meine Seele nicht in Mitleidenschaft zieht, ist mir jedes Handeln erlaubt. Geht es mir gut, ist der Körper eine ganz brauchbare Behausung, beeinträchtigen körperliche Leiden meine Seele, ist der Körper ein ärgerliches Gefängnis, das ich lieber heute als morgen verlassen will. Vor dem Tod brauche ich mich nicht zu fürchten, denn: er trifft ja nicht meine Seele, nur meinen Körper. Wenn es denn sein muß, kann ich ruhig die atomare Katastrophe in Kauf nehmen und über mich ergehen lassen. Meiner Seele wird kein atomares Feuer etwas tun können. Der Glaube an die Unsterblichkeit der Seele läßt das Konzept der Abschreckung zu bis zur Selbstvernichtung. Und woran glauben wir, Sie und ich? An das, was in der Bibel steht? Dann sitzen wir, fürchte ich, zwischen allen Stühlen. Hören Sie, was Paulus im 2. Brief an die Korinther schreibt:

(Textlesung)

Ein schwieriger Text, nicht wahr? Auch ich habe längst nicht alles verstanden, aber so viel ist mir deutlich geworden: Gegen beide eben von mir dargestellte Glaubensweisen wendet sich Paulus voller Leidenschaft. »Als Christen wissen wir«, schreibt er, »der Tod ist nicht das Ende.« Woher wir das wissen? Weil Gott am toten Jesus gehandelt hat, ihm neues Leben gab. Ist das beweisbar? Nein. Aber es ist zu erfahren, die Lebendigkeit Christi ist zu erfahren, die unserm Leben eine Richtung geben will, unsere Hände und Füße gebrauchen will.

Wer meint, der Tod ist das Ende, sperrt Christus und Gott aus seinem Leben aus. Und weil er nun ohne Zentrum lebt, wird er im wahrsten Sinn des Wortes »verrückt«: er schafft den millionenfachen Tod, um das Leben zu sichern. Weil sein Leben kein Ziel hat, nur ein Ende, lebt er ziellos, nur im Augenblick.

»Wir wissen«, sagt Paulus, »unser Leben hat ein Ende und ein Ziel, sein Ende ist der Tod, sein Ziel ist: durch nichts mehr von Gott getrennt sein. Dies Ziel bestimmt die Richtung unseres Lebens. Gegenüber diesem Ziel erscheint uns unser jetziges Leben nur als armselige Hütte.«

Also doch: unsterbliche Seele, der Leib eine armselige Hütte, der wir am liebsten entfliehen möchten? Nein, sagt Paulus. Wir Christen glauben nicht an eine unsterbliche Seele, denn wir nehmen den Tod ernst und wir nehmen Gott ernst. Was stirbt, ist nicht mein Körper, *ich* sterbe, da bleibt von mir nichts. Und es ist allein Gottes überwältigendes Handeln an mir, daß er aus dem Nichts mich wieder neu schafft, mich als Person, ich mit einem Leib, jetzt nicht mehr Hütte, sondern himmlisches Haus.

Wie das zugehen soll? »Ich weiß nicht«, sagt Paulus, »aber wir wissen: ein Leben ohne Leib ist nicht vorstellbar, darum wird Gott uns das geben, was wir zu diesem neuen Leben brauchen.«

»Schon körperliche Nacktheit ist euch peinlich!« sagt Paulus. »Und da meint ihr, eure Seele hält die radikale Nacktheit ohne Körper aus? Was seid ihr doch von euch überzeugt! Meint ihr, ihr würdet vor den Augen Gottes gut dastehen?«

»Sicher«, schreibt er, »ich kenne das: Wir alle sind dieses Leben oft überdrüssig, aber Gott hat das so bestimmt: Es gibt kein Ziel ohne Weg. Und dies Ziel kann ich nicht ausmalen, solange wir auf dem Weg sind. Aber wir gehen im Vertrauen auf Gottes Treue unsern Weg.

Auf diesem Weg ist es höchst wichtig, was ihr tut, mit eurem Körper, euren Gehirnen, Händen und Füßen. Denn es geht doch darum, am Ende unseres Weges Gott unter die Augen treten zu können.«

So hat unser Leben nicht nur ein Ziel, sondern auch eine klare Richtung; es geht darum, so zu leben, daß es Gott wohlgefällt. Und davon ist kein Tun ausgenommen, gibt es keine Sonderbereiche unserer Existenz, in denen Gott nichts zu sagen hätte. Sie liegen nachher alle offen vor ihm.

Merken Sie? Der Glaube der Christen setzt Sie zwischen alle Stühle:

Sie nehmen das Leben so wichtig wie der, der meint: »Mit dem Tod ist alles aus«, aber sie tun dies, weil sie wissen: wir werden nach dem Tod Gott unter die Augen treten müssen.

Christen glauben daran, daß es mit dem Tod nicht aus und vorbei ist, wie die, die an eine unsterbliche Seele glauben, aber sie nehmen den Tod ganz ernst, und weil er so schrecklich ist für sie, drohen sie nicht mit ihm und wünschen ihm keinen.

Ich behaupte: Der junge Pionier, dieses Bündel Fleisch, das die Essensholer schleppen, in der Geschichte von Heinrich Böll, ist daran gestorben, daß zu viele Christen nicht wie Christen glauben, sondern an die Unsterblichkeit der Seele oder an den Tod als absolutes Ende. Und die einzige Hoffnung nicht nur für alle Soldaten, sondern für uns alle ist, daß immer mehr Christen wie Christen glauben. Erst aus dem richtigen Glauben wird das richtige Handeln kommen, so wie uns unser Unglaube oder Irrglaube letztlich so verhängnisvoll handeln läßt wie bisher.

Das Ende der Geschichte von den Essensholern ist wie ein Kommentar zu dem, was Paulus sagt:

»Eine Granate explodiert in unmittelbarer Nähe der vier Essensholer. Ich wartete fast neugierig auf den Schmerz, aber da war nichts, nichts als ein großer

Trichter zu meinen Füßen. Ich ging mutig nach vorne in den Trichter hinein, aber ich fiel nicht und sank nicht; weiter, weiter ging ich, immer wieder auf wunderbar sanftem Boden unter dem vollendeten Dunkel des Gewölbes. Lange überlegte ich, was es heute wohl geben würde in der Küche ... bis der große, gelbe, glänzende Stern vor mir aufstieg und sich am Gewölbe des Himmels festpflanzte. Da wußte ich, daß ich an einem anderen Ziele war und wahrheitsgemäß vier und einen halben würde melden müssen, und als ich lächelnd vor mich hinsagte: viereinhalb, sprach eine große und liebevolle Stimme: Fünf!«
Bei Gott gibt es keine halben Leiber, so wenig es vor ihm unsterbliche Seelen ohne Leiber gibt. Vor Gott gibt es nur ganze Menschen, wieder ganz. Paulus glaubt das, Heinrich Böll folgt ihm. Wie sehr sich der Christ Heinrich Böll gerade in der Frage nach dem Frieden zwischen alle Stühle gesetzt hat, das wissen Sie und ich. Also: was glauben wir? Aber nicht gemessen an unserm Reden, sondern an unserm Denken und Handeln?

(Geschichte »Die Essensholer« aus H. Böll, »Wanderer, kommst du nach Spa ...«, dtv TB, S. 91-95)

Warum sollte mir denn grauen?

Friedrich Gölz   **2. Korinther 5, 1-10**

»Wahrscheinlich habe ich unseren Pfarrer ziemlich enttäuscht«, sagte der alte Mann. »Er hatte mich immer zu den Zuverlässigen gezählt. – Ordentlich verdutzt hat er mich gestern angeschaut. Da saß er, auf dem Stuhl, wo du jetzt sitzt, und er wußte nicht, ob er traurig sein sollte oder ein wenig ärgerlich, weil ich alter Mann – so kurz vor dem Sterben – am Glaubensbekenntnis herumkritisiere.« »Großvater«, sagte das Mädchen, »rede doch nicht schon wieder vom Sterben. Du wirst bestimmt wieder zu Kräften kommen, kannst du das nicht glauben?« Der alte Mann lächelte vor sich hin: »Auch das kann ich nicht mehr so recht glauben. Der Pfarrer hat wohl recht. Es stimmt nicht mit meinem Glauben!« – »Hat er das gesagt? Dann kennt er dich nicht. Du bist einer von den wenigen Leuten, Großvater, von den ganz wenigen, bei denen ich sicher weiß, daß sie glauben.« – »Nun, Eva, dann laß mir auch den Glauben, daß es nicht mehr lange geht auf meiner Uhr. Es ist schon genug, wenn ich deiner Mutter glauben muß, daß jedes Löffelchen Suppe mein Leben um drei Monate verlängert. Laß uns beide ehrlich sein, Eva, wie früher. Du bist doch sonst auch so für Offenheit. – Gib mir einen Schluck zu trinken und mach bitte das Licht an.«

140

Als die junge Frau wieder auf dem Stuhl saß, merkte sie erst, wie zerfallen das liebe Gesicht war, wie dünn und schier durchscheinend die beiden Hände. ›Was für schöne Hände er hat! Wenn die Augen geschlossen sind, könnte man meinen, er sei schon tot‹, dachte sie erschrocken und fragte leise: »Strenge ich dich nicht zu sehr an, Großvater? Soll ich eine Weile hinübergehen ins Wohnzimmer?« »Nein«, rief der alte Mann und griff nach ihrer Hand. »Ich habe mich doch so gefreut auf deinen Besuch. Ich will dir auch von der Geschichte mit dem Pfarrer erzählen. Er war hier, gestern um dieselbe Zeit. Da saß er an meinem Bett. Dies und das haben wir besprochen – und am Ende fragte er, ob er mir den Predigttext lesen dürfe. Warum nicht? antwortete ich, und er las also. – Weißt du was, Eva, nimm die Bibel dort auf dem Nachttisch und lies uns den Abschnitt. Lies du ihn mir noch einmal vor. Im 2. Korinther-Brief im 5. Kapitel. Die Postkarte, die dein Vater mir kürzlich aus Israel schickte, muß an der Stelle stecken.« Das Mädchen lachte: »Du bist immer derselbe, Großvater. Immer war deine Bibel eine Fundgrube. So viele Zettel und Kärtchen und Karten an so vielen Stellen. Schon als wir ganz klein waren, fanden wir, Großvaters Bibel sei das interessanteste Buch der Welt.« »Dann sollst du sie einmal bekommen, Eva. Und es wäre mir schon recht, du würdest sie in Ehren halten: nicht nur wegen dem Großvater und der vielen Zettel und Bilder, sondern wegen manchem, was sonst noch darin zu finden ist. Obwohl es bisweilen ziemlich harte Brocken sind; – oft muß man lange beißen und kauen, bis sie süß schmecken. Aber bitte, lies uns den Abschnitt. Langsam, daß ich mitkomme. Nicht so wie die Zeitung. So, wie man einen wichtigen Brief liest.«

Und Eva las: »*Denn wir wissen: wenn unser irdisch Haus, diese Hütte, zerbrochen wird, so haben wir einen Bau von Gott erbaut, ein Haus, nicht mit Händen gemacht, das ewig ist im Himmel. Denn darum seufzen wir auch und sehnen uns danach, daß wir mit unsrer Behausung, die vom Himmel ist, überkleidet werden, weil wir dann bekleidet und nicht bloß erfunden werden. Denn solange wir in dieser Hütte sind, seufzen wir und sind beschwert, weil wir lieber wollen nicht entkleidet, sondern überkleidet werden, auf daß das Sterbliche würde verschlungen von dem Leben. Der uns aber dazu bereitet hat, das ist Gott, der uns als Unterpfand den Geist gegeben hat. So sind wir denn getrost allezeit und wissen: Solange wir im Leibe wohnen, wallen wir ferne vom Herrn; denn wir wandeln im Glauben und nicht im Schauen. Wir sind aber getrost und haben vielmehr Lust, außer dem Leibe zu wallen und daheim zu sein bei dem Herrn. Darum befleißigen wir uns auch, wir sind daheim oder wallen, daß wir ihm wohlgefallen. Denn wir müssen alle offenbar werden vor dem Richterstuhl Christi, damit jeder empfange, nach dem er gehandelt hat in seinem Leben, es sei gut oder böse.*«

Dann war es lange still in dem Krankenzimmer, bis sie zögernd sagte, sie verstehe dies alles gar nicht. Er wisse ja wohl, daß sie ein bißchen abgekommen sei von der Bibel und von der Kirche. Aber er! Er lebe doch darin. Und sie begreife nicht, warum es Streit gegeben habe zwischen ihrem bibelgläubigen Großvater und dem Pfarrer. »Streit? Nein«, meinte der Kranke – »Streit wäre zuviel gesagt. Aber ich habe ihn enttäuscht. Weißt du, die Bibel ist für ihn so etwas wie für die Katholiken der Papst. Letzte Instanz. Da gibt es keinen Einwand.« – »Ist das bei dir nicht so, Großvater? Ich dachte immer, es gibt für dich kein wichtigeres Buch als die Bibel!« »Das schon«, sagte der Alte. »Aber eben nur ein *Buch*. Ist das für dich kein Unterschied, Eva: ob dein Freund dir einen Brief schreibt – oder ob er dich in den Arm nimmt? Da, wo wir hingehen, ich bald und du später, braucht es keine Bibel mehr. Die ist nur ein Notbehelf. Ein nötiger Notbehelf. Gerade wie ein Kompaß. Den brauchst du, wenn du unterwegs bist. Wenn du aber daheim am Tisch des Vaters sitzt, brauchst du keinen Kompaß mehr.« »Ich verstehe schon, was du meinst«, nickte die Enkelin. »Das ist es, was ich vorhin gelesen habe: im Glauben wandeln wir und nicht im Schauen. Großmutter hat das oft zitiert, wenn wir sie fragten, warum Gott so viel Schlimmes geschehen läßt. Im Glauben leben wir, nicht im Schauen, sagte sie dann. Drüben in der Ewigkeit werden wir alles verstehen. Drüben – das sagte sie, als sei es ganz nah, gleich hinter dem Wald. – Verstehst du, Großvater, daß mich das immer ein bißchen störte? Ich fände, es wäre nicht schlecht, wenn Großmutters Gott uns ein wenig mehr von sich schauen ließe.« – »Großmutters Gott? Wie meinst du das?« fragte der alte Mann ein wenig erschrocken. »So meine ich's, daß ich halt so blindlings nicht glauben kann. Und als Großmutter gestorben ist – weißt du noch, wie du kamst und uns sagtest, die Großmutter sei nun heimgegangen? Und ich hab' gerufen: Nein! Nein, sie ist nicht heimgegangen, hier bei uns ist sie doch daheim, bei dir – warum hat Gott sie weggeholt? Es ist merkwürdig, daß mir das jetzt gerade einfällt. Was ich dir vorhin vorlas, klang doch so ähnlich. Ja, jetzt weiß ich, Großvater, das hat mich gestört, als ich es las. Dies hier: Wir seufzen und sehnen uns nach einem Haus, das vom Himmel kommt. Wir wollen lieber den sterblichen Leib zurücklassen und heimkommen zum Herrn. Hast du etwa darüber mit dem Pfarrer gestritten?« – »Nein, nicht darüber. Aber sage mir doch, Eva, warum dich das stört, wenn Christen sich freuen über Tod und Grab hinaus auf das, was man Ewigkeit, ewige Heimat nennt?« »Keine Sorge, Großvater«, sagt sie und streicht ihm über die Hand. »Bei dir stört's mich nicht. Bei dir ist es echt. Du darfst dich auch freuen. Aber weißt du, da gibt es so viele jüngere und junge Leute, die sind richtig krank vor lauter Lebensmüdigkeit. Man sieht es ihnen an, wenn sie zu uns in die Buchhandlung kommen, daß sie eigentlich nichts mehr vom Leben erwarten, nichts mehr hoffen, nichts mehr wollen. Höchstens, daß sie das Leben so angenehm als möglich hinter sich bringen wollen. Und dann: die Bücher. Weißt du, welche Bücher zur Zeit am meisten Erfolg haben? Die, welche vom Sterben handeln. Vom Tod und davon, daß mit dem Tod doch wohl nicht alles zu Ende sei.

Sterben sei schön, davon schreiben heutzutage die Illustrierten. Und die lesen es begierig, die mitten im Leben stehen. Bei manchen ist das wie eine Sucht: Lebensmüdigkeit. Ich habe eine Kollegin, die sagt, sie hat sich bekehrt im letzten Frühjahr. Und seit sie Jesus hat, braucht sie sonst gar nichts. Wenn ich sie frage, ob ihr das nichts ausmacht, daß diese entsetzlichen Raketen aufgestellt werden und daß unsere Umwelt vergiftet wird und daß die einen zuviel und die anderen nichts haben, – dann lächelt sie überlegen und sagt, das alles seien die Vorzeichen der Erlösung. Je schlimmer es komme, desto näher sei der Herr. – Aber entschuldige, Großvater, du siehst so müde aus. Ich habe dich angestrengt. Verzeih!«

»Ja«, antwortete er, »es ist schon anstrengend. Aber es ist gut, daß du mir das erzählt hast, Eva. Und ich freue mich, daß du dich wehrst gegen diese Lebensmüdigkeit. Lebenssatt zu sein, – das ist in der Bibel ein Vorrecht von ganz alten Menschen. Und du hast recht, heute scheint es wie eine Sucht zu sein. Einerseits ist das ja kein Wunder – so wie die Welt aussieht, die wir Alten euch Jungen hinterlassen. Aber ich bin froh, daß du nicht lebensmüde bist. Du wirst noch gebraucht.« Seine Hand suchte die ihre und zog Eva, die aufstehen und ihn allein lassen wollte, zurück: »Ich muß dir doch noch erzählen, warum unser Pfarrer sich so über mich wunderte. Das war wegen des Richterstuhls. Lies doch bitte noch einmal den letzten Satz aus jenem Abschnitt.« Sie nimmt die Bibel zur Hand und sucht. Dann: »Wir müssen alle offenbar werden vor dem Richterstuhl Christi, damit jeder empfange, nach dem er gehandelt hat in seinem Leben, es sei gut oder böse.« – »Ja«, sagte der alte Mann, »das war es. Das Wort ›böse‹. Ich habe zu dem Pfarrer gesagt, ich fände es schlimm, wenn am Ende des Abschnitts das Wort böse steht. Und außerdem könnte ich mit dem Richterstuhl Christi – mit einem Christus, der nach guten und nach bösen Taten richtet – nicht viel anfangen. Da blickte mich unser Pfarrer an, weißt du, ganz entsetzt, und sagte schier strafend: Aber Herr Müller, das steht doch im Glaubensbekenntnis: ›Von dort wird er kommen zu richten die Lebenden und die Toten.‹ Und da mußte ich ihm gestehen, daß ich diesen Satz immer überspringe. Weil der Christus, an den ich glaube, keiner ist, der nach guten und nach bösen Taten richtet, sondern einer, der sich erbarmt – über Schwache, Elende, Sünder. Ich glaube aber nicht, daß der Pfarrer mich verstanden hat. Er ist ein bißchen eng, weißt du, und streng. Aber warum schüttelst du den Kopf?« »Ich wundere mich, weil gerade dieser letzte Satz mich vorhin, als ich ihn las, getroffen hat«, sagte sie leise. »Mit all dem anderen kann ich wenig anfangen. Es klang mir alles so müd und nach Lebensüberdruß. Aber dies, das Ende fand ich gut: daß wir uns verantworten müssen. Daß es wichtig ist, ja ganz entscheidend wichtig, was wir *tun* – und auch was wir zu tun versäumen. Ich denke immer, Jesus will, daß wir unser Leben leben. Daß wir uns einsetzen: für mehr Gerechtigkeit, mehr Frieden im Kleinen und im Großen. Wir müssen offenbar werden vor Christus – für mich ist das wie eine Herausforderung. Am Ende steht nicht ein Christus, der sagt: Es ist schon alles recht und gut. Nein. Am Ende wird es wichtig sein, wie *ich* gelebt habe: gut oder böse – das ist nicht egal. Ich finde das wirklich gut, daß es nicht gleichgültig ist, was ich tue.«

Erstaunt sieht der alte Mann seine Enkeltochter an. »Jetzt redest du wie der Pfarrer«, sagt er, »bloß verständlicher. – Der Pfarrer meinte, es gäbe so viel ungelebtes Leben.Das muß er irgendwo gelesen haben, denn erklären konnte er es mir nicht, als ich danach fragte. Aber der Ausdruck geht mir seitdem im Kopf herum: ungelebtes Leben. Vielleicht meint er dies: ungenützte Möglichkeiten. Verpaßte Gelegenheiten, Gutes zu tun. Ja, das gibt es: Menschen, die ein Leben lang gar nicht recht anfangen zu leben. Sie leben nicht aus, was in ihnen steckt an guten Kräften. – O Eva, wenn man aber am Ende erkennt oder spürt, was man versäumte! Wenn man an die Grenze kommt und merkt: mein Leben ist zwar ausgelebt in der Länge, aber noch gar nicht in der Tiefe und in der Weite – dann braucht man den anderen Christus – nicht den auf dem Richterstuhl, sondern den am Kreuz. – Lies mir noch, hier im Gesangbuch, ein paar Verse. Dann will ich versuchen, ein bißchen zu schlafen.« Und das Mädchen liest die Verse, die wir gleich singen – bis zu der Stelle: ›Warum sollte mir denn grauen? Lässet auch ein Haupt sein Glied, welches es nicht nach sich zieht?‹ Und der Kranke scheint zu schlafen. Das Mädchen schließt leise die Tür.

Wir aber müssen sehen, wo wir uns unterbringen in dieser Geschichte. Vielleicht lesen Sie zu Hause den Text noch einmal im 5. Kapitel des 2. Korintherbriefes und erinnern sich an den alten Mann und seine Enkeltochter. Mir haben die beiden geholfen, manches ein bißchen besser zu verstehen: das mit dem Richterstuhl und das mit dem Heimweh nach einer Heimat, die keine Ausflucht ist, sondern ein Ziel, auf das zuzuleben und zuzuwirken sich lohnt.

Mein Jesus

Ernst Öffner

»Von Gott kommt mir ein Freudenschein, wenn du mit deinen Äugelein mich freundlich tust anblicken. O Herr Jesu, mein trautes Gut, dein Wort, dein Geist, dein Leib und Blut mich innerlich erquicken. Nimm mich freundlich in dein' Arme, daß ich warme werd' von Gnaden: Auf dein Wort komm ich geladen.« (Schlußchoral der vor der Predigt aufgeführten Kantate »Erschallet, ihr Lieder« von Joh. Seb. Bach)

Ganz persönlich, fast intim wird da von Jesus geredet. Manche haben schon ängstlich gefragt, manche stoßen sich noch immer daran: Ist das nicht *zu* intim, sozusagen fromme Erotik? »... wenn du mit deinen Äugelein mich freundlich tust anblicken«; »Nimm mich freundlich in dein' Arme, daß ich warme werd' von Gnaden ...« Gefühlsüberschwang – eher peinlich als gläubig? Wie intim, wie subjektiv darf man vom Glauben reden?

Immerhin: Das war damals, zu Bachs »seligen Zeiten«, offenbar leichter möglich als heute: in religiösen Dingen und auch in der Liebe hatte man eine Sprache, die voller Empfinden, voller Erfahrung war und nicht nur ausgedünnte, verkopfte Sprache theologischer oder sexualtechnischer Information. Weder die Erotik noch den Glauben mußte man als Tabu mit dem Mantel des Nicht-darübersprechenkönnens überdecken. Wo wird denn heute noch am Stammtisch oder am Arbeitsplatz oder zu Hause am Familientisch in guter Weise über Religion geredet, ohne über andere herzuziehen, ohne verletzenden Spott und dumme Witze?

Und weil das mitten im Leben so oft ausgeblendet wird, hat man dann keine Worte, wenn man ihrer am dringendsten bedürfte. Hand aufs Herz: Wann haben Sie das letzte Mal von Gott geredet? Oder von Jesus? Das ist »Säkularisation«, daß nur noch in der Kirche (und vielleicht noch in der Schule, im Religionsunterricht) von Gott geredet wird. Außerhalb der Kirchenmauern ist Gott fehl am Platz. Da wird von ihm geschwiegen. Da fehlen die Worte – und damit die Hoffnung, daß er etwas bewirken könnte: im Alltag.

Wenn ich mir mittelalterliche Jesusbilder anschaue, Vesperbilder oder Pestkreuze, oder barocke Wegkreuze und Bildstöcke, wie sie hier in der Gegend häufig anzutreffen sind, dann begegnet mir da diese persönliche, intime Jesusfrömmigkeit wieder: »O Herr Jesu, *mein* trautes Gut ...!«

Und ich habe erst allmählich entdeckt, wie gut es tut, den Schutt unserer sogenannten Geistesgeschichte wegzufegen, jene Scheu vor dem persönlichen Reden, jenes Verschweigen des Glaubens, und wie wichtig es für meinen

Glauben und für mein Leben war, über »meinen Jesus«, über meinen Glauben an Jesus sprechen zu lernen.

Auf der Universität habe ich's nicht gelernt, im Theologiestudium. Erst später. Und es hat Zeit gebraucht. Aber es ist wichtig, daß wir über unseren Glauben sprechen können: persönlich und intim. Darüber: über »meinen Jesus« und meinen Glauben an ihn, will ich heute, angeregt durch die Kantate, etwas sagen. Ich muß davon erzählen. Nehmen Sie's so persönlich, wie es gesagt und gemeint ist. Ich tu's in der Hoffnung, daß dadurch Ihnen *Ihr* Jesus deutlicher bewußt wird. *Ihr* Jesus, der vielleicht ganz anders ist als meiner, Ihnen vielleicht etwas ganz anderes bedeutet als mir.

Mein Jesus, das muß ich vorausschicken, hat viele Gesichter. Ich nehme ihn so, wie über ihn berichtet wird: vielgestaltig, ja widersprüchlich, liebevoll und hart, ganz hier und ganz dort lebend, ganz klar und ganz dunkel, ganz weit weg von mir und ganz nahe ... Ich nehme ihn so wörtlich wie möglich. Ich nehme seine Worte beim Wort. Ich erprobe ihre Tragfähigkeit. Ich finde Jesus wunderbar naiv und bestürzend hellsichtig. Er zeigt mir die Welt. Er kann so gut zeigen, was ich übersehe, nicht sehen kann, nicht sehen will. Viele Gesichter hat er für mich, schon in der Bibel, dann übermalt und übertüncht von den Jahrhunderten. Viele Bilder haben wir uns gemacht: Spiegelbilder, Spiegelgesichter. Aber hinter den vielen Gesichtern wird für mich immer wieder das Antlitz dessen sichtbar, den er »Vater« nannte. Ich habe es nun aufgegeben, alle Schichten zu unterscheiden, alle Bilder nebeneinanderzuordnen, alle Stile zu bewerten. Ich versuche, das Verschiedene zusammenzusehen. Ich prüfe, ob aus dem Vielen nicht doch ein Ganzes wird. Immer wieder hebt sich mir anderes hervor. So begleitet Jesus meine Lebensgeschichte. Natürlich ist er mir bisweilen auch ganz gleichgültig. Aber er ist mir unentbehrlich geworden.

Noch einmal: Mein Jesus, das ist ein Mosaik mit wechselnden Farben – unvollendet noch. Immer wieder füge ich ihm ein neues Steinchen bei, und erst an meinem letzten Tag wird »mein Jesus« seine endgültige Gestalt gewonnen haben. Denn: »Jetzt erkenne ich stückweise, dann aber werde ich erkennen, gleichwie ich erkannt bin.«

Mein Jesus wächst mit mir. Schon vor der Zeit, an die ich mich erinnern kann, war er da. Seine Stunde war die Zu-Bett-geh-Stunde, wenn es dunkel wurde draußen. Dann war er in der behütenden Wärme der Decke, die am Abend über mich gebreitet wurde, er war im Kuß der Mutter. Er war in dem Kreuz, mit dem mich mein Vater, wann immer ich in seinem Bett einschlafen durfte, zeichnete und das mir bis heute sagt: »Es kann dir nichts geschehen, als was er hat ersehen und was dir nützlich ist.« Und er war in der Stimme der Mutter, wenn sie mit mir die Hände faltete und betete:

»Weil ich Jesu Schäflein bin, freu ich mich nur immerhin über meinen guten Hirten, der mich wohl weiß zu bewirten, der mich lieb hat und mich kennt und bei meinem Namen nennt.«

Jesus – der Hirte, der das Schäflein in seinem Schoß trägt bis ans Ende der Tage; ich – das Schäflein, für das die Geborgenheit dieser wenigen Minuten am Abend ein Stück Paradies war.

Ich stamme aus keinem Pfarrhaus. Aber ein wenig von der Pfarrhausidylle mag wohl abgefärbt haben. Jedenfalls sangen wir abends, vor allem in der Adventszeit, und an jedem Sonntag nach dem Mittagessen, zusammen mit einer alten Gemeindeschwester, die ich über Jahrzehnte hindurch nur als »alt« in Erinnerung habe, ums Klavier geschart, das anfänglich mein Vater spielte, später ich, und ich singe mit aller Kraft: »Stern, auf den ich schaue«, oder »Macht hoch die Tür ...« So wuchs mein Jesus mit mir besonders in den Liedern, die wir zu den Festzeiten des Kirchenjahres gemeinsam sangen.

Meine Geschichte mit Jesus ging weiter mit Fräulein Köpff. Das war meine Lehrerin in der ersten Klasse. 60 Kinder pro Klasse. Und da sollte ich verträumtes Kerlchen Lesen und Schreiben lernen? In der Parallelklasse, wo wir manchmal zur Aufbewahrung hin mußten, erlebte ich es manchmal, wie der Lehrer, ein roher Kerl, Schülern die Finger mit einem Stecken verhaute und sie auf Holzscheiten knien ließ. Vor ihm hatte ich Angst, unbeschreibliche Angst. Nicht so bei Fräulein Köpff. Sie drückte schon mal ein Auge zu, sang viel mit uns, mit ungelenken Handbewegungen. Und – ich merkte: Fräulein Köpff liebte Jesus offenbar. Ich aber liebte Fräulein Köpff. Und so kam, was kommen mußte: auch ich liebte Jesus. Die Geschichten von ihm. Und wieder die Lieder.

Das war gut, denn nicht lange danach verdüsterte sich dieser freundliche Jesus. Der alte Kirchenrat in unserer Kirche klatschte nämlich immer, wenn ich in der Kirche unruhig war. Ich mußte lernen: Jesus liebt offenbar nur die ruhigen Kinder, jedenfalls in der Kirche. Aber das war langweilig.

In der Pubertät verschwand mein Jesus fast. Nur noch ein Gott war da, der sich postwendend mit einer schlechten Note rächte, wenn ich nicht gelernt hatte. Immerhin: Man konnte auf ihn einwirken. Als mein Vater krank wurde, beschimpfte ich Gott wütend, und als es schlimmer wurde, flehte ich ihn auf Knien an, er möge meinen Vater am Leben lassen. Obwohl er das damals tat, konnte ich diesen Gott nicht lieben. Er war mir zu allmächtig, zu gerecht und konsequent.

In der Jungschar hörten wir Geschichten von Jesus, sangen und beteten. Aber mir ist eigentlich nichts anderes in Erinnerung als der markige Schrei zum Schluß: »Mutig voran!« Also Fehlanzeige mit Jesus? Vielleicht doch so viel: daß Jesus etwas mit meinem Alltag im Sinn hatte, mit meinem Leben außerhalb des vertrauten Kreises der Jungschar: »Mutig voran!«

Meine Geschichte mit Jesus ging nicht geradlinig weiter, eher auf krummen Wegen und verschlungenen Pfaden. Es kam eine Phase, wo ich alles aufsog, was mir etwas über den Menschen Jesus damals in Israel verdeutlichen konnte. Von dem wenigen, durch Zeitungsaustragen selbstverdienten Geld kaufte ich mir eine Bibel mit vielen – schlechten – Bildern in Kupfertiefdruck von Israel und der Umwelt Jesu. Ich kaufte mir ein Bibellexikon, um mehr zu erfahren. Das mit den meisten Bildern wählte ich aus. Mir ging es wohl so ähnlich wie manchen Israelreisenden heute, die in dem Land und in der Atmosphäre Israels auf einmal Jesus besser zu verstehen meinen.

In meinem Theologiestudium kam mir Jesus auf andere, neue Weise nahe – und rückte doch auch wieder in unerreichbare Ferne. Ich lernte seine Bedeutung kennen, analysierte seine Worte – er aber war ein Phänomen der Geschichte geworden, jenseits des »garstigen Grabens« von nahezu 2000 Jahren. Und doch war das kein Schade. Denn so kam er mir auf überraschende Weise wieder nahe. Zum Beispiel, als ich Nietzsche las und bei jedem Satz laut hätte »Ja« sagen können. Doch seltsam: Jesus erwies sich als stärker. Blieb Sieger über Nietzsche und allen Atheismus. Ich weiß eigentlich heute noch nicht, warum. Ich beschäftigte mich mit Tiefenpsychologie. Mich faszinierten die Entdeckungen von Freud und Jung über den Menschen, über mich. Und auf einmal entdeckte ich Jesus wieder. Viel tiefer konnte er sehen als jeder Psychoanalytiker, viel freundlicher ging er mit mir und mit anderen um. In seinem Handeln entdeckte ich Gott neu.

Eine Geschichte, die es in sich hat, hat es mir besonders angetan. Eine Frau, eine Ehebrecherin, wird Jesus angeschleppt. Sie hat sowieso keine Chance mehr, und er soll auch keine haben. Wo kämen wir hin mit einer Liebe ohne Ordnung! Jesus, zum Richter bestellt, zum Vollstrecker geschriebener Gesetze, schweigt, bückt sich, schreibt in den Sand. Er gibt Bedenkzeit. Sie aber denken, er brauche Bedenkzeit. Sie fragten ihn nochmals nach seinem Urteil. Sie bedrängen ihn. Wird er gegen die Autorität des Gesetzes antreten? Kraft welcher Autorität? Der Fall liegt klar. Es gilt, nur zu bestätigen, was ohnehin geschehen wird: Steinigung.

Da richtet er sich auf, richtet seinen Blick nicht auf die Beschuldigte, sondern auf die Beschuldiger: Es soll Recht sprechen, wer selbst gerecht ist. Es soll Schuld sühnen, wer selber ohne Schuld ist. Und dann bückt er sich wieder, schreibt in den Sand. Er prüft nicht, er überprüft nicht, er richtet nicht. Er urteilt nicht, er verurteilt nicht. Jeder soll sich selber prüfen, ohne überprüft zu werden. Jeder soll in sich gehen können, ohne Angst vor Entblößung haben zu müssen. Und alle gehen sie in sich und gehen, beschämt und erleichtert. Sie brauchen kein Urteil mehr zu fällen; es fällt kein Stein, auch nicht auf sie selbst. So heilt Jesus. Vor allem die, die am Anfang im Recht sind, das gesunde Empfinden auf ihrer Seite haben. Das ist Evangelium! Das ist evangelische Lebens-Therapie, nicht nur Psychotherapie. Wie er die Männer des Rechts und der Ordnung anschaut, und dann die Frau: da werden sie alle neu. Wahrhaftig: »Von Gott kommt mir ein Freudenschein, wenn du ... mich freundlich tust anblikken.«

Und dann lernte ich, nicht nur meinen Schatten anzunehmen, sondern auch meine Gefühle. Ich lernte buchstabieren, was Zärtlichkeit ist. Und mich rührte, wie zärtlich Jesus sein konnte: zu Kindern, die er auf den Schoß nahm, »herzte«, wie es in der Bibel heißt, und segnete. Oder zu Frauen, zu Maria Magdalena zum Beispiel, ohne alle Zweideutigkeiten. In der Seelsorge, bei Sterbenden etwa, war ich dann froh, mir solche Zärtlichkeit erlauben zu können, mich zu trauen, den andern in den Arm zu nehmen und zu streicheln.

In den letzten Jahren erst, hier in der Kirche, an diesem Altar, wurde mir wichtig, daß Jesus, mein Jesus, unser Jesus, da ist, erfahrbar in Brot und Wein, einladend mit offenen Armen, die da hungrig und durstig, mühselig und beladen, fröhlich oder krank sind, die Erwachsenen und die Kinder. Kirchentage haben mir da geholfen, das Abendmahl für mich neu zu entdecken. Und in Taizé habe ich gelernt, daß Jesus geliebt sein will, innig, im Gebet und im Singen. Und daß es da wirklich warm wird in dieser Gemeinschaft.

Ich merke, wie ich den Schlußchoral der Kantate in meiner Biographie nachbuchstabierte.

Wie gesagt: »mein Jesus« ist das, ohne Anspruch auf Vollständigkeit. Und wenn mich wer fragt: und was bedeutet dir der »Sohn Gottes«, dann kann ich nur sagen: Formeln bedeuten mir wenig. Mein Jesus aber – ich möchte ihn nicht verlieren. Er ist mir unendlich wertvoll. Wollten das die Christen damals mit ihren Worten nicht auch sagen?

Ganz nah ist er mir manchmal, mein Jesus. Und dann wieder ganz weit weg. Manchmal weiß ich gar nicht, ob ich überhaupt an ihn glaube, was er mir bedeutet. Manchmal ist er der ferne Jesus. Da ist es mir dann wichtig zu sehen, was er anderen Menschen bedeutet.

Ich sehe, daß sehr menschenzugewandten oder auch ängstlichen Leuten der gute Hirte wichtig ist, der sie in den Arm nimmt.

Sehr selbstbewußten Menschen ist der Polemiker Jesus nahe, der es mit den Pharisäern aufnimmt.

Menschen, die unter ungerechten, menschenunwürdigen Zuständen leiden, ist der Revolutionär Jesus ein Vorbild.

Und anderen, die Wegweisung und Halt suchen, ist er der Gesetzeslehrer, der ihnen Orientierung gibt.

Ich verstehe, daß der mir vertraute Jesus ein Spiegel meiner Seele sein kann; der fremde Jesus aber verunsichert und ergänzt mich. Ich bin dankbar für den fremden Jesus und die mir jetzt noch fremde Jesusfrömmigkeit anderer Menschen. Ihr Jesus könnte ja ein wichtiges Mosaiksteinchen sein zu meinem Jesusbild. Fertig bin ich damit noch lange nicht.

Von »meinem Jesus« habe ich erzählt. Und doch ist »mein Jesus« nur ein Teil unseres Jesus. Ihr Jesus ist vermutlich anders als der meine. Lassen Sie uns darüber austauschen und voneinander lernen. Damit wir miteinander weiterkommen und auch im Glauben Neues entdecken.

Es ist ein Übel des Protestantismus, nur die eigene Seele wichtig zu nehmen, nicht aber die Mitchristen und die Vorgängerinnen und Vorgänger im Glauben. Wer war ihr Jesus?

Bei genauerem Hinsehen entdecke ich, wie sehr ich von ihrem Glauben geprägt bin. Ich habe schon erzählt, wie mir Jesus durch die Kirchenlieder nahe kam. Die Texte – und die Melodien – gehen mir nicht aus dem Sinn.

Ich merke, wie meine Chorerfahrungen mich und meinen Glauben prägen: Die Choräle aus Bachs Matthäuspassion, das »Crucifixus« und das »Et resurrexit« aus der h-moll-Messe, oder das »Selig sind die Toten, die in dem Herrn sterben« aus dem Brahms-Requiem. Klänge verbinden sich mit meinem Jesus. Oder wie ich einmal in einer Kapelle, auf dem Boden liegend, den Chorsatz von Mendelssohn-Bartholdy ergriffen in mich einsog: »Denn er hat seinen Engeln befohlen über dir, daß sie dich behüten auf allen deinen Wegen«. Und ich vergesse den Schauder nicht, als ich den Schlußchoral aus der Johannespassion Bachs hörte, säuselnd wie himmlische Stimmen, unbeschreiblich schön von den Thomanern gesungen: »Ach Herr, laß dein lieb Engelein am letzten End die Seele mein in Abrahams Schoß tragen«. Und dann aufbrausend, donnernd, todüberwindend: »Alsdann vom Tod erwecke mich, daß meine Augen sehen dich in aller Freud, o Gottessohn, mein Heiland und mein Gnadenthron!«

Liedverse sind das, in denen ich Jesus begegne. Eine ganze Theologie. Gesungene, musizierte Theologie, Herz und Gemüt ergreifend, auch wo der Text, wie in manchen Kantaten Bachs, manchmal schwach ist. Aber im Glauben ganz stark.

Zum Schluß eine Liebesgeschichte: Ein Großvater ist gestorben. Auf das letzte Weihnachtsfest war er zugegangen in der Erwartung der Geburt seines Enkels und in der Erwartung seines eigenen Todes. Seinem Rundbrief hatte er eine Betrachtung beigefügt: »Wie der Großvater und sein jüngstes Enkelkind miteinander Weihnachten feiern.« Ja, wie sollten sie dies können – das Enkelkind, das das Licht des Lebens noch nicht erblickt hatte, und der Großvater, »dessen Lebenslicht schon zu flackern begann«? Sie taten es mit Paul Gerhardts Weihnachtslied »Ich steh an deiner Krippen hier ...«, das schon Dietrich Bonhoeffer im Angesicht des Todes so »ganz außerordentlich gefüllt und schön« gefunden hatte. Zwei Strophen entdeckte da der Sterbende für den noch Ungeborenen und sich:

»Da ich noch nicht geboren war, da bist du mir geboren und hast mich dir zu eigen gar, eh ich dich kannt, erkoren. Eh ich durch deine Hand gemacht, da hast du schon bei dir bedacht, wie du mein wolltest werden.

Ich lag in tiefster Todesnacht, du warest meine Sonne, die Sonne, dir mir zugebracht Licht, Leben, Freud und Wonne. O Sonne, die das werte Licht des Glaubens in mir zugericht', wie schön sind deine Strahlen!«

Eine Liebesgeschichte zwischen dem Großvater und seinem Enkel liegt in diesen Versen. Und die Liebesgeschichte des Großvaters mit Jesus, in die er seinen Enkel mit hineinnimmt.

Am 27. Dezember wurde der Enkel geboren, einen Monat später der Großvater beerdigt. Sie werden sich nie sprechen. Und doch ist schon alles gesagt. Mit zwei Gesangbuchstrophen, auf die sich die ganze christliche Theologie reduzieren läßt, wenn es um Leben und Tod geht. Aber wer weiß, vielleicht reduziert sich am Ende alles nur auf zwei Worte, diesen Namen und das Possessivpronomen, das doch keinen Besitz anzeigt, sondern einen Weg, eine Liebesgeschichte: Mein Jesus!

Bei der Formulierung der Predigt ließ ich mich durch das Buch von Hartmut Weber (Hg.), »Was sagen die Leute, wer ich sei? Jesus und seine Pfarrer« – Kreuz Verlag, Stuttgart 1985 – anregen. Die Predigt nimmt Bezug auf die vorher im Gottesdienst aufgeführte Kantate »Erschallet ihr Lieder (BWV 172), deren Schlußchoral (»Von Gott kommt mir ein Freudenschein«) und Einleitungschor nach der Predigt noch einmal erklangen (den Choral konnte die Gemeinde mitsingen).

Verzeichnis der Mitarbeiter

Pastor i.R. Dr. Ernst Arfken, Göttingen. Pfarrer Michael Becker, Homburg. Pastor Heinz Behrends, Hannover. Pastor Wolfram Braselmann, Rehburg-Loccum. Pfarrer Albert Damblon, Mönchengladbach-Neuwerk. Pastor Dr. Axel Denecke, Osnabrück. Pastor Edgar Dusdal, Leipzig, Pfarrer Anselm Friederich, Bruchsal. Pfarrer Dr. Friedrich Gölz, Stuttgart. Pfarrer Helmut Gröpler, Cottbus. Pastor Reinhard Guischard, Goslar. Pfarrer Wolfgang Herrmann, Holzappel. Pfarrer Richard Hilge, Münster. Pfarrer Bernhard von Issendorff, Frankfurt/M. Pfarrer Jürg Kleemann, Florenz. Pastor Heinz-Dieter Knigge, Göttingen. Dekan Walter Krug, Marburg. Pastor René Leudesdorff, Dagebüll-Fahretoft. Pfarrerin Dorothea Margenfeld, Ludwigsburg. Superintendent Dietrich Mendt, Zittau. Pastor Klaus von Mering, Langeoog. Pfarrer Dr. Ernst Öffner, Bad Kissingen. Dekan Karl-Heinz Ronecker, Freiburg. Pfarrer Dr. Jörg Rothermund, Stuttgart. Pfarrer Martin Schindehütte, Hofgeismar. Pfarrer Arno Schmitt, Mannheim. Pfarrer Peter Schröder, Augustdorf. Pfarrer Dieter Schupp, Eisenberg. Pastor Andreas Seifert, Burgwedel 1. Dekan Johannes Seiß, Bamberg. Pastor Helmut Siegel, Hildesheim. Pfarrer Dr. Reiner Strunk, Stuttgart. Pastor Ludolf Ulrich, Verden. Pfarrer Klaus Wende, Creußen. Dekan Klaus Zillessen, Waldshut-Tiengen 1.